Gregor von Dungen

BULLTERRIER

Kosmos

Freizeitpartner Bullterrier

Bullterrier züchten

Service

So sind Bullterrier

So sind Bullterrier

▸ Das Wesen

Das Erscheinungsbild des Bullterriers löst in den meisten Menschen, die ihn zum ersten Mal sehen, eine gewisse Verunsicherung aus. Seine breite, ungewöhnliche Schädelform mit der gebogenen Nasen-Oberlinie und den tiefen Schlitzaugen wirkt befremdend. Muskelstrotzend und möglicherweise noch besonders farblich markiert, widerspricht er dem gängigen Schema der Spezies Hund. Ihm fehlt das Wuschelige aller Langhaarigen oder der zutrauliche Blick der Kulleräugigen.

Viele Menschen reagieren auf das Fremdartige mißtrauisch: Kann man diesem »Tier« mit den Umgangsformen begegnen, wie man sie gewöhnlich gegenüber Hunden pflegt?

Wenngleich das Äußere gewöhnungsbedürftig ist, hat es doch mit seinem typischen Wesen nichts zu tun. Seine Freundlichkeit ist ein ausgesprochen gefestigter Wesenszug, ja, es gibt wenige Hunderassen, die so sehr die Nähe des Menschen suchen. Wenn er auch wie ein Bodybuilder erscheint, in seinem Inneren ist der Bullterrier feinfühlig. Sprichwörtlich ist seine Geduld mit Kindern, insbesondere Kleinkindern, die gern mal am Ohr des Hundes drehen oder ihn an der Rute ziehen. Hierbei bewährt sich seine Robustheit und Schmerzunempfindlichkeit.

Nervenstark, bleibt er auch in sehr

Ein Bullterrier besitzt alle Eigenschaften, die ein Rettungshund braucht: Beharrlichkeit, Kraft, Ausdauer und eine gute Nase.

Ein weißer Gentleman wie er im Buche steht.

stressigen Situationen gelassen. Man kann sich davon überzeugen, wenn man ihn einmal auf Hundeausstellungen erlebt. Bei allem Trubel, Geschrei und Gebell bleibt er die Ruhe selbst. Der Bullterrier ist ein Individualist und hemmungsloser Genießer mit außerordentlichem Hang zur Bequemlichkeit. Seine Sturheit ist legendär, wenn der Besitzer ihm seinen Willen aufzwingen will – aber auch umgekehrt. Man kann sagen, diese Rasse hat etwas Kauziges an sich und neigt dazu, Eigenheiten zu entwickeln.

Der Bullterrier hat ein ausgeprägtes Selbstbewußtsein. Dies verleitet Rüden oftmals besonders in der Junghundphase zu der Fehleinschätzung, sie seien der Herr im Hause. Dem muß natürlich erzieherisch rechtzeitig begegnet werden.

Gegenüber anderen Hunden verhalten sich die Bullterrier friedlich, sofern sie nicht angegriffen oder herausgefordert werden. Dann allerdings kann es schon mal zur Rauferei kommen. Ihr dominantes Wesen läßt es nicht zu, daß sie sich anderen Hunden unterwerfen. Dieses instinktive Verhalten gehört zu dem Restbestand eines Erbmaterials, welches noch von ihren Urahnen stammt. Um den Bullterrier zu verstehen, ist es daher wichtig, auch seinen Ursprung zu kennen.

Entwicklung

Bereits zu Beginn des 19. Jahrhunderts gab es in England Typen von Hunden, die in ihrer schwereren Form als Bull and Terrier und in der leichteren und schlankeren Ausprägung als Bull Terrier bezeichnet wurden (ich

Ein konzentrierter tricolor Rüde in der Standposition.

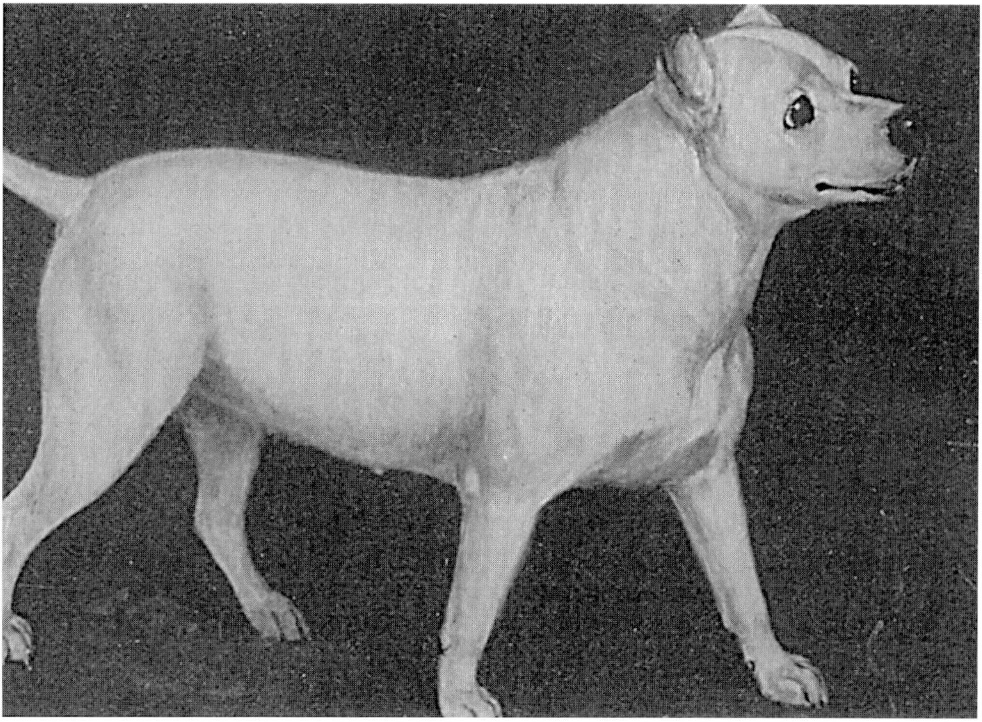

Dieses Gemälde aus dem Jahre 1849 zeigt einen Hund vom Typ des Bull and Terrier.

benutze für den historischen Bullterrier die englische Schreibweise Bull Terrier).

Hinter diesen Rasseschlägen steckte die Absicht, einen Hund zu züchten, der sich für den Kampf gegen Hunde oder andere Tiere wie z.B. Bullen, Bären und Löwen eignete. Auch der Wettbewerb, welcher Hund in einer bestimmten Zeit die meisten Ratten tötet, war ein beliebtes öffentliches Spektakel. Solche Tierkämpfe wurden in einer Arena, im umgangssprachlichen Englisch »pit« genannt, besonders in den Zentren der beginnenden Industrialisierung in Mittelengland veranstaltet. Der Adel fand darin die Befriedigung seiner Spiel- und Wettleidenschaft. Dem armen Proletarier brachte der Sieg seines Hundes ein nicht unwesentliches Zubrot.

Von den für den Kampf gezüchteten Hunden wurde gefordert, daß sie einerseits gegenüber dem Gegner aggressiv, kraftvoll, schnell, wendig und konditionsstark sind, denn man wollte für sein Geld auch etwas sehen. Andererseits sollten sie sich im beengten Zuhause der meist kinderreichen Arbeiterfamilien als absolut verträglich erweisen.

So war zur Verbesserung der athletischen Fähigkeiten in den kräftigen, substanzvollen, jedoch schwerfälligen Bull Dog der schnelle und schneidige Terrier eingekreuzt worden. Zudem brachte der Terrier die nötige Schmerzunempfindlichkeit und Schärfe im Kampf gegenüber Vierbeinern mit.

Eine Spitzenhündin aus dem Jahre 1960. Der Kopf besitzt noch nicht das ausgeprägte Downface heutiger Zeit.

Dagegen mußte die hohe Reizschwelle und Ausgeglichenheit des Bull Dog im Zusammenhang mit der Forderung nach einer unbedingt friedfertigen Beziehung zur menschlichen Umgebung bewahrt bleiben.

Nachdem 1835 Hundekämpfe verboten wurden, hat gerade die gelungene Selektion auf die zuletzt genannten Eigenschaften dafür gesorgt, daß die Bull and Terrier weite Verbreitung fanden.

Bis heute hat sich diese Entwicklung fortgesetzt. So zählen die aus den groben und rüpelhaften Schlägen entstandenen Rassen Bullterrier und Staffordshire Bullterrier, der im Aussehen noch in etwa dem ursprünglichen Bull-and-Terrier-Typ entspricht, mittlerweile zu den beliebtesten Familienhunden Englands.

▸ Geschichte dieser Rasse

Ab etwa 1860 begann James Hinks im englischen Birmingham damit, Hunde vom Typ des Bull Terriers mit dem heute ausgestorbenen White English Terrier und möglicherweise auch mit dem Dalmatiner zu kreuzen. Sein Ziel war es, einen anatomisch besser aufgebauten Hund zu bekommen. Er stellte sich einen schlankeren Bull Terrier vor, mit geraden und längeren Läufen und ohne die für die Vertreter des alten Schlags charakteristischen ausgedrehten Schultern und den gedrungenen Körperbau. Ebenso sollten die lose Kehlhaut, der stumpfe Fang mit Vorbiß und Hängelefzen einem langgezogenen Kopf und geschwungenen Hals weichen.

Hinks förderte zwar weiterhin das rauhbeinige Wesen, wollte aber wahrscheinlich seine neue Zucht von dem Schmuddelimage befreien, das den alten Raufbolden anhing, und sie gesellschaftsfähig machen. Vermutlich war dies mit ein Grund, weshalb er sehr viel Wert auf die ästhetische Dimension legte.

Der den heutigen Bullterrier kennzeichnende eiförmige Schädel mit sogenanntem »Downface« war wohl Hinks bereits in Ansätzen gelungen, wie eine frühe Quelle belegt. Sein Bull Terrier unterschied sich dadurch schon damals grundlegend von allen anderen Hunderassen, die einen deutlichen Stop in der Schädelmitte hatten. Hinzu kam, daß die Kippohren spitz kupiert wurden. Schließlich entschied Hinks noch, daß die Behaarung durchgängig weiß zu sein habe.

Damit war ein Hund geformt – man möchte mit einem Modewort fast sa-

Auf der Abbildung von 1891 wird deutlich, wie der Bullterrier damals war. Außerdem wurden die Ohren noch kupiert.

Auch wenn der Bullterrier nicht zu den bewegungsfreudigsten Hunderassen gehört, das Toben auf einer Wiese lieben sie auch.

Bei dieser Hündin dominiert die Farbe Rot.

gen: designed –, dem eine gewisse Extravaganz nicht abzusprechen war. Und tatsächlich wurde der Hund in den etablierten bürgerlichen Kreisen angenommen. Sehr schnell wandelte sich der Bull Terrier vom Rauhbein zum »Weißen Gentleman« und beliebten Ausstellungshund.

Man kann mit Recht sagen, daß Hinks die Basis für den modernen Bullterrier schuf. Seit dieser Zeit wurde an seinem Äußeren modelliert. Die wichtigsten Impulse gingen bis heute immer vom Mutterland England entsprechend den Vorstellungen der vielen Züchterpersönlichkeiten aus. Namentlich seien hier die Zuchtgemeinschaft Raymond Oppenheimer und Eva Weatherill hervorgehoben, die über vierzig Jahre maßgeblich die Entwicklung beeinflußten.

So haben wir heute einen breiten, substanzvollen Typ. Der eiförmige Kopf mit natürlichen Stehohren und gebogener Oberlinie ist erreicht. Das Diktat der reinweißen Zucht wurde aufgehoben, die farbigen Bullterrier stehen nun gleichberechtigt neben den weißen. Auch dem Wesen wurde, gemäß den sich wandelnden gesellschaftlichen Einstellungen, eine erhöhte Aufmerksamkeit gewidmet. Das Rabaukenhafte seiner Vorfahren entsprach nicht mehr den Konventionen des gutbürgerlichen Milieus, in dem er seine Heimat gefunden hatte. Vielleicht ist es in diesem Zusammenhang nicht ganz unwesentlich, daß der Frauenanteil unter den bedeutendsten Züchtern überwiegt. Die Abneigung gegen körperliche Aggression ist eher weiblich geprägt und dürfte mit dazu beigetragen haben, daß die

Ein schwarzgestromter Rüde mit einem bestechend schönen Kopf. Die Profillinie ist leicht gebogen und geht in ein 'Roman finish' über. Durch die breite Ausfüllung unter den Augen erhält er sein eiförmiges Aussehen.

ursprüngliche Streitlust gegenüber anderen Hunden weitestgehend zugunsten eines hohen Maßes an Sozialverträglichkeit herausgezüchtet werden konnte.

Schon sehr früh gingen die Bullterrier in andere Länder und Kontinente. Bereits seit etwa Mitte der 80er Jahre des vorigen Jahrhunderts gibt es den Bullterrier in Deutschland und den deutschsprachigen Ländern. Er galt als ein eher exklusiver Hund und hatte nur wenige Liebhaber. Einen Aufschwung in der Beliebtheitsskala nahm er erst ab etwa 1970.

▸ Miniatur Bullterrier

Einer wachsenden Anhängerschaft seit Ende der 70er Jahre erfreuen sich weltweit auch die Miniatur Bullterrier. Ihre Entwicklungsgeschichte verläuft parallel mit der des Bullterriers, kann aber nicht auf dessen kontinuierliche Zuchtbasis verweisen.

Der Miniatur Bullterrier war zunächst ein echter Arbeitshund. Als kleiner, wendiger Terrier bewährte er sich unerbittlich in der Vernichtung von Kleinnagern und bei der Erdarbeit. In viele Terrierrassen ist wegen dieser äußerst nützlichen Eigenschaften sein Blut eingeflossen.

Unglückliche Standardfestlegungen führten um die Jahrhundertwende zum Rückgang, zeitweilig erlosch die Zucht gar vollständig. Erst ab den 40er Jahren wurde, auf Restbestände aufbauend, durch Einkreuzung kleinerer Bullterrier systematisch auf das Ziel hingezüchtet, eine echte Miniatur-Ausgabe des großen Bruders in Aussehen und Wesen zu erreichen. Gegenwärtig wer-

Diese gestromte Miniatur Bullterrierhündin steht ihren großen Verwandten in nichts nach.

den auf breiter Ebene erstaunliche Ergebnisse erzielt, die die Hoffnung nähren, daß in wenigen Jahren das Zuchtziel erreicht werden könnte.

Allen, die Miniatur Bullterrier und Bullterrier kennen, müssen ihre gegenwärtige Stigmatisierung als »Kampfhunde« und die unsachlichen Diskriminierungsversuche in Form von höheren Steuerbelastungen und besonderen Halteverordnungen unverständlich erscheinen. Viele Mißverständnisse hinsichtlich des widersprüchlichen Ursprungs – für den Kampf, aber auch für die Familie bestimmt zu sein – beförderten zwei liebenswürdige Hunderassen ins Rampenlicht des Medieninteresses und damit in die Öffentlichkeit. Deshalb ein Appell an alle, die sich für diese Hunde interessieren und sich ein Urteil bilden wollen: Schauen Sie sich die Miniatur Bullterrier und Bullterrier in ihrer Lebensgemeinschaft, auf den Zuchtschauen und Hundeplätzen an! Machen Sie sich ein Bild von dem Charme, der Ausgeglichenheit und der Sensibilität zweier einmaliger Hunderassen.

Ein Bullterrier zieht ein

Ein Bullterrier zieht ein

▸ Vorüberlegung

Wenn Sie die Absicht haben, einen Bullterrier zu halten, sollten Sie sich selbst einige kritische Fragen stellen (siehe Checkliste). Sofern Sie alle Punkte bejahen können, fassen Sie bitte Ihren endgültigen Entschluß dennoch erst dann, wenn Sie sich ein Bild von der Rasse gemacht haben.

Falls Sie noch keine Bullterrier kennengelernt haben, sollten Sie unbedingt jede Chance nutzen, um mit ihnen in Kontakt zu kommen. Legen Sie einen ungefähren Zeitpunkt fest, wann der Hund zu Ihnen kommen soll. Planen Sie genügend Zeit bis dahin ein, um sich ausreichend zu informieren. Vom Aussehen und der gelesenen Literatur allein sollten Sie sich nicht leiten lassen. Informieren Sie sich beim Verband für das Deutsche Hundewesen (VDH) bzw. der Schweizerischen Kynologischen Gesellschaft (SKG)oder dem Österreichischen Kynologenverband (ÖKV), wo – vielleicht sogar in Ihrer Nähe – eine Zuchtschau stattfindet. Sprechen Sie dort mit den Ausstellern. Lassen Sie sich Adressen von Züchtern geben, und besuchen Sie diese. Schauen Sie sich deren Hunde an, und überzeugen Sie sich gleichzeitig vom Zustand der Zuchtstätte. Adressen bekommen Sie in Deutschland von den beiden Spezialzuchtvereinen, »Gesellschaft der Bullterrier-Freunde e.V.« (GBF) und »Deutscher Club für Bullterrier e.V.« (DCBT), in Österreich vom »Österreichischen Bullterrier Club« (ÖBTC) und in der Schweiz vom »Bullterrier Klub Schweiz« (BTKS).

> **TIP**
> *Kaufen Sie nur einen Welpen bei einem Hobby-Züchter, der Mitglied eines oben genannten Rassezuchtvereines ist (VDH,SKG, ÖKV). Sie können dann sicher sein, daß sowohl die Zuchtstätte als auch die Würfe kontrolliert und die Welpen auf Mensch und Umwelt geprägt wurden.*

Wenn Sie der Meinung sind, daß der Bullterrier Ihr Hund ist, wählen Sie einen Hund aus einer der Zuchtstätten, die Ihnen bei Ihrem Besuch positiv aufgefallen sind oder wenden Sie sich an die Welpenvermittlung bei den oben genannten Vereinen.

Achten Sie bei den Züchtern darauf, ob sie auch Ihnen gegenüber Fragen

Bullterrier nutzen jede Gelegenheit zum Sonnenbaden.

stellen. Ein verantwortungsbewußter Züchter wird seine Welpen nur an Personen abgeben, die auch ihm verantwortungsbewußt erscheinen. Achten Sie darauf, ob Ihnen Hilfestellung für die Hundehaltung angeboten wird, ob und wie Sie in der Auswahl des Welpen beraten werden. Legen Sie Wert darauf, daß Ihnen die Mutterhündin gezeigt wird, wie diese sich verhält und wie die Unterbringung der Welpen aussieht.

Rüde oder Hündin?

Diese Frage ist nicht unwesentlich. Unabhängig von der Vorliebe, die Sie haben, sollten Sie deshalb einige Überlegungen anstellen: Möchte ich vielleicht selbst einmal züchten? Würde mich das ständige Urin-Markieren der Rüden stören? Welches Geschlecht haben die Hunde in der Nachbarschaft? Würde ich mit einem körperlich kräftigeren und schwereren Rüden zurechtkommen?

Man muß sich im klaren sein, daß Rüden ein dominanteres Verhalten haben als Hündinnen. Besonders wäh-

Schlafbedürfnis

Sie sollten immer bedenken, daß ein Hund ca. $^4/_5$ des Tages schläft oder döst. Diese Ruhephasen muß man ihm unbedingt gönnen. Gerade wenn Sie Kinder haben, die gern und ständig mit dem jungen Bullterrier spielen möchten, sollten Sie das nur so lange zulassen, bis Sie meinen, daß ein gewisser Höhepunkt überschritten ist. Bringen Sie ihn dann zu seinem Schlafplatz. Man kann häufig bei Hunden beobachten, daß ihre ursprüngliche Spielfreude in Abwehr umschlägt, wenn sie dauernd in ihren Ruhephasen gestört werden, z.B. weil sie ständig zum Spielen aufgefordert wurden. Sie fangen dann zu knurren und möglicherweise sogar zu beißen an.

Kritische Selbstbefragung

1.	Ist es nur eine spontane Idee oder bin ich bereit, die nächsten zehn bis fünfzehn Jahre dem Hund eine lebenswerte Heimat zu bieten?
2.	Besitze ich die nötige Konsequenz, um mich in der Erziehung durchsetzen zu können?
3.	Habe ich ausreichend Zeit, um mich intensiv seiner Erziehung widmen und auch Kurse auf dem Hundeplatz besuchen zu können?
4.	Ein Hund sollte am Tag nicht länger als vier bis fünf Stunden allein gelassen werden. Kann ich das einhalten? Ist noch jemand da, der sich um ihn kümmern würde?
5.	Ein Hund braucht seine tägliche Bewegung. Kann ich mindestens dreimal täglich mit ihm spazierengehen?
6.	Ist der Wohnungsvermieter einverstanden?
7.	Wie sind meine Wohnverhältnisse? Hat der Hund in der näheren Umgebung eine geeignete Möglichkeit (Wald, Wiesen, Felder), sich mehrmals täglich zu lösen? Die Straße allein wäre nicht der richtige Ort.
8.	Neben dem Kaufpreis fallen Kosten für Futter, Ausstattung, Haftpflichtversicherung, Steuer, Pflege, tierärztliche Versorgung an. Eine evtl. Operation kann in die Tausende gehen. Habe ich hierzu den finanziellen Spielraum?

rend der Junghundphase zwischen dem ersten und zweiten Lebensjahr könnte der Rüde versuchen die Rangordnung anzufechten. Solche Bestrebungen hat die Hündin nicht, sie gilt als anhänglicher und sanfter. Dafür wird sie zweimal im Jahr für ca. 21 Tage läufig.

▸ Wesensentwicklung

Welpen werden möglichst mit der achten Lebenswoche abgegeben. Diese Wochen sind jedoch die wichtigsten im Leben eines Hundes. In dieser Zeit bilden sich bei einem gesunden Welpen die Wesensmerkmale aus, die für eine geordnete Beziehung zu Mensch, Tier und Umwelt bedeutungsvoll sind.

Ein Züchter kann die Wesensentwicklung, die im verhaltensbiologischen Terminus als Prägephase bezeichnet wird, entscheidend beeinflussen. Wächst nämlich der Hund in einer reizarmen Umgebung auf, wird er abgeschirmt von Umwelteinflüssen, dann

entstehen Schäden, die nicht mehr wiedergutzumachen sind. So verhalten sich Welpen später als erwachsene Hunde gegenüber Menschen gestört, wenn sie nicht auf diese geprägt wurden. Oder sie reagieren schreckhaft und ängstlich auf fremde Geräusche.

Das heißt umgekehrt: Je mehr dem Welpen an Umweltreizen geboten wird, desto stärker bildet sich sein Selbstvertrauen aus, und desto harmonischer wird er sich in seine Umwelt einfügen. Für einen Welpenkäufer ist es wichtig, inwieweit die Entwicklung gefördert wurde. Er soll deshalb gezielt den Züchter befragen, was dieser zur Prägung des Nachwuchses alles unternommen hat.

Der tägliche Aufenthalt in freier Natur und frischer Luft fördert die Lebensenergien.

Gesundheitscheck beim Welpenkauf

- [ ] Kräftige Knochen, pummeliges Aussehen
- [ ] Glänzendes, schuppenloses Fell
- [ ] Saubere Ohren
- [ ] Augen und Nase ohne Ausfluß
- [ ] Welpe muß nicht häufig Wasserlassen
- [ ] Bei Rüden sollten bei der Welpenabgabe beide Hoden spürbar sein
- [ ] Kein Nabelbruch
- [ ] Keine innen stehende Fangzähne
- [ ] Taubheitstest beidseitig und einseitig durchführen lassen
- [ ] Keine Schluckbeschwerden beim Fressen
- [ ] Vitaler Gesamteindruck

Wahl des Welpen

Wenn Sie und der Züchter sich gegenseitig zusagen, können Sie einen Kauf vereinbaren. Besuchen Sie die Zuchtstätte mehrmals bis zum Abgabetag, um sich mit Ihrem zukünftigen Hund anzufreunden und ihn in der Entwicklung zu beobachten.

Normalerweise kann man sich seinen Welpen auswählen. Haben Sie keine Angst, den letzten eines Wurfes zu nehmen. Gerade bei farbigen Würfen spielen die Vorlieben für bestimmte Farben und Zeichnungen eine große Rolle. Weiße Bullterrier mit einer schwarzen Zeichnung um ein Auge, einem sogenannten Monokel, sind z.B. besonders begehrt. Oder: Im Wurf liegen mehrere Rüden und nur eine Hündin. Sie möchten aber eine Hündin. Dann ist keine große Auswahl möglich, es sei denn, Sie warten den nächsten Wurf ab oder suchen sich einen anderen Wurf, in dem mehrere Hündinnen gefallen sind. Wichtig ist allein, daß Sie von Anfang an eine Sympathie für Ihren Auserwählten empfinden, daß er Ihnen gefällt und gesundheitlich und im Wesen in Ordnung ist.

Was Ihnen gefällt, unterliegt Ihrem subjektiven Geschmack. Ob ein Welpe gesund ist, dafür gibt es objektive Kriterien (siehe Gesundheitscheck). Zur Beurteilung des Wesens können Sie ab der sechsten Woche einen kleinen Test mit den Welpen machen.

Ein wichtiger Rat: Wählen Sie keinen schwachen und ängstlichen Wel-

Die Grundausstattung

- [ ] Leichte Leine und Schnallenhalsband für das erste Vierteljahr (Leder oder Nylon) mit Adreßschildchen
- [ ] Wasser- und Futternapf, am besten aus Leichtmetall
- [ ] Gitter- oder Flugbox als Schlafplatz (für einen Rüden größer als für eine Hündin)
- [ ] Futter: gemäß den Empfehlungen des Züchters
- [ ] Große Büffelhautknochen, Hundekuchen, Leckerlis
- [ ] Spielzeug: Es sollte so groß sein, daß der Hund es nicht verschlucken kann
- [ ] Bürste oder Noppenhandschuh
- [ ] Zeckenzange
- [ ] Entwurmungspaste

Ein gut und frühzeitig auf andere Tiere geprägter Bullterrier erlebt diese als etwas völlig Selbstverständliches.

pen aus Mitleid aus. Die Folgen dieser Mängel werden wahrscheinlich lebenslang besonders für unerfahrene Hundehalter ein Problem darstellen. Man muß sich immer im klaren sein, daß ein Hund ein trieb- und instinktgesteuertes Lebewesen ist. Man kann nur versuchen ihm durch Erziehung viel an- oder abzugewöhnen und beizubringen.

Die Kriterien Wesen und Gesundheit stehen unzweifelhaft gleichberechtigt an erster Stelle. Aber bei jedem Züchter kommt hundertprozentig auch die Rede auf die Schönheit und damit auf die Frage: Wird der Welpe einmal ein Ausstellungshund? Hierzu kann man sagen, daß es kaum eine Rasse gibt, bei der man das schlechter vorhersagen kann als beim Bullterrier. Selbst Züchter mit jahrzehntelanger Erfahrung vermögen sich in dieser Hinsicht zu irren. So mancher Welpe, der vielversprechend aussah, wurde später nur ein durchschnittlicher Ausstellungshund. Vage Anhaltspunkte bieten vielleicht die Ahnentafeln der Elterntiere. Aber eine Einschätzung der Zuchtlinien setzt große Kenntnis der gesamten Bullterrierzucht voraus.

ABGABE DER WELPEN ▸ Ein Wurf wird entsprechend den Vorgaben der VDH-Zuchtordnung ab der achten Woche von einem Zuchtwart abgenommen, das heißt, registriert, eingetragen und bewertet. Vorausgesetzt wird, daß bis dahin bei sämtlichen Welpen die 4fach-Impfung gegen Staupe, Hepatitis, Leptospirose und Parvovirose (SHLP) erfolgte, die durch das Impfbuch nachgewiesen wird. Über den Zustand des Wurfes, der Mutterhündin und der Zuchtstätte verfaßt der Zuchtwart einen Bericht, den der zukünftige Welpenkäufer sich vom Züchter zeigen lassen sollte. Zu den Aufgaben des Zuchtwartes gehört auch die Tätowierung jedes einzelnen Welpen mit einer entsprechenden Zuchtbuchnummer.

Wenn der kleine Bullterrier abgeholt wird, gibt der Züchter den Impfpaß mit. Die Ahnentafel kann erst nach der Wurfabnahme von der Zuchtbuchstelle des Vereins ausgestellt werden. Der Züchter muß sie auf jeden Fall dem Käufer aushändigen, sobald sie ihm zugeschickt wurde – falls man bis dahin den Kauf ordnungsgemäß abwickeln konnte.

▸ Abholen

Wenn der Tag näher rückt, an dem Sie Ihren kleinen Bullterrier abholen können, sollten Sie einige Vorbereitungen treffen. Eine gewisse Grundausstattung ist nötig, damit der Kleine sich schnell in seinem neuen Zuhause wohl fühlt und Sie nicht in letzter Minute Besorgungen zu machen brauchen. Weiterhin sollten auch die Wohnung und der Garten auf den Neuankömmling eingerichtet sein. Vergewissern Sie sich bei dem Züchter, daß er mit den Welpen das Autofahren geübt hat. Wäre es die erste Fahrt, so würden den Hund die unbekannten Motorgeräusche und das Zuschlagen der Türen möglicherweise verängstigen, zumal er sich ohne seine Mutter und Geschwister in einer völlig fremden Umgebung befindet.

Holen Sie den Welpen am besten am Vormittag ab, damit Sie sich den Tag über mit ihm beschäftigen können und er etwas Zeit zum Einleben hat. Wenn Sie das Auto steuern, nehmen Sie eine Begleitperson mit, die sich während der Autofahrt um ihn kümmert. Legen Sie zwischendurch eine Pause ein und lassen ihn seine Notdurft verrichten. Spielen Sie etwas mit ihm, geben Sie ihm einige kleine Leckerlis.

▸ Eingewöhnen

Wurde Ihnen der Welpe übergeben, so hat man auch die gesamte Verantwortung über das zukünftige Wohl und Wehe der kleinen Kreatur in Ihre Hände gelegt. Ab diesem Tag entscheiden Sie darüber, wie sich der Hund in die menschliche und tierische Gemeinschaft einfügt, das heißt, daß Sie einen Erziehungsauftrag übernommen haben. Mit der Erziehung müssen Sie beginnen, sobald der Welpe die Schwelle der Haustür überschritten hat – keine Sekunde später.

Selbstverständlich sollen Sie ihm Gelegenheit geben, sich in der neuen Umgebung zurechtzufinden. Zunächst wird er etwas irritiert sein: Alles riecht anders und sieht anders aus, neue Ge-

Bullterrier suchen wie kaum eine andere Hunderasse die Nähe zu Menschen. Ihr Umgang mit Kindern ist außerordentlich feinfühlig.

sichter, unbekannte Gerüche, sein Rudel wird ihm fehlen. Zeigen Sie ihm, daß Sie seine neue Vertrauensperson sind. Reden Sie freundlich mit ihm, streicheln Sie ihn. Gönnen Sie ihm die Zeit, mit dem Ortswechsel in Ruhe fertig zu werden. Vermeiden Sie daher an diesem Tag einen größeren Besucherandrang, auch wenn Sie Ihren kleinen Bullterrier gern voll Stolz Verwandten und Bekannten präsentieren möchten.

Von Neugier und Entdeckungsdrang getrieben, möchte er jeden Winkel seines neuen Zuhauses erkunden. Gehen Sie mit ihm in den Garten, machen Sie mit ihm einen Rundgang durch die Wohnung, und unterbrechen Sie die Exkursion mit kleinen Spielchen, damit er alle Dinge mit etwas Positivem in Verbindung bringt. Sobald er erste Ermüdungserscheinungen zeigt, bringen Sie ihn zu seinem neuen Schlafplatz. Ob Sie dafür lieber einen Korb oder eher die einer Hütte ähnliche Flugbox vorsehen, bleibt Ihnen überlassen. Letztere haben sich der Vorteile wegen bei den Bullterrierhaltern durchgesetzt. Sie sind das ideale Ruhelager. Hierhin kann der Hund sich zurückziehen, wenn ihm danach zumute ist, es ist sein Refugium. Hunde mögen es, rundherum geschützt zu liegen. Wenn das Türchen geöffnet bleibt, ist tierschutzrechtlich auch nichts dagegen einzuwenden. Die Hunde fühlen sich geschützt und sicher, man kann das an der entspannten Haltung während des Schlafens erkennen.

Wenn auch das Spiel von Kindern mit Hunden sehr herzlich ist, sollten vor allem jüngere Kinder nicht mit Hunden allein gelassen werden.

Es gibt noch weitere Vorteile, die für eine solche Art der Unterbringung sprechen. So müssen Sie bestimmt einmal die Wohnung verlassen, ohne Ihren Hund mitnehmen zu können. Für kurze Zeit können Sie ihn in seiner Box oder seinem Käfig lassen und dürfen sicher sein, daß der Welpe während Ihrer Abwesenheit nicht die Einrichtung ruiniert. Sehr gut geeignet hierfür sind auch Kinderlaufställe, da hierbei für den Welpen etwas Bewegungsmöglichkeit bleibt. Aber, wie gesagt, auch diese Lösung ist nur für kurze Augenblicke angesagt.

Jeder Welpe wird zunächst in seiner neuen Behausung etwas Unordnung schaffen. Aber davon sollten Sie sich nicht beeindrucken lassen. Sie werden damit einer ersten Belastungsprobe in Sachen Konsequenz unterzogen. Nach wenigen Minuten wird er seinen neuen Schlafplatz akzeptiert haben und friedlich einschlafen.

TIP

Flugbox oder Hundekäfig sind auch ideal für unterwegs. Wenn Sie auf Reisen sind, werden Sie so weniger Probleme haben, ein Hotel zu finden, das Hunde akzeptiert. Auch das Personal wird dann das Zimmer angstfrei betreten. Außerdem wird der Hund sich leichter wie zu Hause fühlen.

DIE ERSTE NACHT ▸ Üben Sie, konsequent zu sein. Die nächste Probe ist schon vorhersehbar: die erste Nacht. Gewöhnlich jammern die Kleinen, sobald ihr Harndrang einsetzt. Dies dürfte in den ersten Nächten alle drei bis vier Stunden der Fall sein. Bringen Sie Ihren neuen Freund dann hinaus. Heult er aber in kürzeren Abständen, dann liegt der Grund darin, daß er sich einsam fühlt. Schon nach der ersten Nacht wird er sich mit den neuen Umständen abfinden. Falls Sie nämlich Mitleid mit dem Kleinen haben und ihn trösten wollen, faßt er das auf, als bräuchte er nur zu heulen und schon würden Sie ihm Gesellschaft leisten.

TIP

Damit Ihr kleiner Bullterrier sich nicht allzusehr in der ersten Nacht allein fühlt, legen Sie ein Unterhemd, das Sie am Tage getragen haben und das nach Ihnen riecht, auf seinen Schlafplatz.

STUBENREINHEIT ▸ Box oder Laufstall helfen dabei, daß Ihr kleiner Bullterrier schneller stubenrein wird. Hunde vermeiden es, ihr Lager zu beschmutzen. Dieses Verhalten kann man nutzen. Sobald der Welpe aufwacht, hat er in der Regel das Bedürfnis, sich zu lösen. Sie lassen ihn dann aus seinem Schlafplatz heraus und tragen ihn hinaus ins Freie, wo er sich lösen kann. Der Kleine wird sehr schnell merken, wo er sein Geschäft zu erledigen hat. Hätte er einen offenen Schlafplatz, ließe es sich nicht vermeiden, daß er den Teppich als Örtchen benutzt, da man ihn auch nicht ständig im Auge haben kann.

Weitere Zeitpunkte, zu denen sich ein Welpe gern löst, sind nach dem Fressen und Saufen. Beobachten Sie ihn. Meist fängt er an, sich suchend im Kreis zu drehen. Jetzt sollten Sie schnell handeln und ihn hinaustragen oder -locken. Hat er sich draußen gelöst, loben Sie ihn mit einem ruhigen »Brav« und streicheln ihn dabei, vielleicht geben Sie auch einmal ein kleines Leckerli.

Dies ist schon eine erste wichtige Belehrung. Dem kleinen Bullterrier wird bald ein Licht aufgehen: »Wenn ich mich draußen löse, widerfährt mir nur Gutes. Also werde ich nicht mehr in die gute Stube machen.«

Was werden Sie aber tun, wenn doch einmal ein Mißgeschick passiert? Dann übergehen Sie diskret die Situation und wischen mit Essig die Stelle sauber. Verfallen Sie bitte nicht auf die schmerzliche Methode, ihn mit der Schnauze hinein zu stoßen . Wirken Sie nur auf ihn ein, wenn Sie den Vorgang direkt sehen. Befehlen Sie »Nein« oder »Pfui«, geben Sie ihm einen leichten Klaps auf den Hintern und schimpfen ihn. Sollte das Mißgeschick auch nur einige wenige Augenblicke zurückliegen, kann der Welpe den Zusammenhang zwischen Lösen und Tadel nicht mehr herstellen. Er meint dann, er wäre dafür bestraft worden, was er zu diesem Zeitpunkt gerade machte, z.B. daß er sich vielleicht gerade auf Sie freute. Ein Welpe, der sich freut, kann dabei nicht immer den Schließmuskel beherrschen, so daß er pinkeln muß. Würden Sie ihn jetzt schlagen, verunsichern Sie den Welpen, und er verliert sein Vertrauen in Sie.

▸ Welpen- oder Prägungsspieltage

Die ernsthafte Bedeutung des Spielens, vor allem im Welpenalter, ist in der Hundewelt erst in den letzten Jahren

Checkliste zur Welpenprägung

Haben die Welpen

- [ ] mit Erwachsenen und Kindern gespielt?
- [ ] mit anderen Hunden gespielt?
- [ ] andere Tiere kennengelernt, z.B. Katzen, Hasen, Hühner, Schafe usw.?
- [ ] verschiedene Geräusch- und Lärmkulissen erlebt, z.B. Staubsauger, Verkehrslärm, Radiomusik, Klatschen, Klappern usw.?
- [ ] die Möglichkeit gehabt, auf verschiedenen Untergründen und Böden zu laufen, z.B. Gras, Sand, glatten, weichen, rauhen, harten, wackeligen Böden usw. ?
- [ ] sich in verschiedenen Umgebungen bewegt, z.B. im Unterholz, am Wasser, im Straßenverkehr usw.?
- [ ] schon das Autofahren kennengelernt?

richtig erkannt worden und ist seitdem zum zentralen Gesichtspunkt in der Erziehung und Sozialisierung geworden. Dabei ist das artgemäße Spielverhalten zwischen Hunden gleichen und unterschiedlichen Alters wie auch das Spiel zwischen Hund und Mensch als gleichgewichtig einzustufen. Im Spiel lernt der Hund z.B., wie weit er in seinem Verhalten gehen kann, was seinen Partnern angenehm oder unangenehm ist. Diese machen es ihm durch ihre Reaktion deutlich. Dadurch lernt er deren Gestik, Mimik und Lautäußerung kennen und einzuschätzen. Werden auf diese Art und Weise Sozialverhalten und Verständigung eingeübt, so wird gleichzeitig der Rahmen geschaffen, der die Bindungsfähigkeit fördert und in dem sich das soziale und sexuelle Rollenverhalten entwickeln kann.

Spielen ist unerläßlich für die körperliche Entwicklung. Wie der Mensch muß auch der kleine Bullterrier erst lernen, seinen Körper und Bewegungsapparat zu beherrschen. Da er sich noch im Wachstum befindet, stellt sich der Körper auf die Belastungen beim Spielen ein. Das Skelett und die Muskulatur werden entsprechend ausgebildet.

Zudem wird der Einsatz der Sinnesorgane gefördert. Augen, Nase, Ohren sind ständigen Reizen ausgesetzt, die Reaktionen nach sich ziehen. Dem Welpen erschließen sich Zusammenhänge, die er lebenslang nutzen kann.

Außerdem braucht der Hund das Spiel für seine Gefühlsentwicklung.

Aus der Freude am Spiel schöpft er Zufriedenheit und Selbstsicherheit. Er hat die Möglichkeit, natürliche Triebanlagen abzureagieren.

Die meisten Hundevereine bieten heutzutage Welpentreffen oder Prägungsspieltage an, an denen anhand eines bewährten Programms die Bereiche erfaßt werden, die zu einem wesensfesten und sozialverträglichen Partner Hund führen. Nutzen Sie dieses Angebot.

▶ Rechtsfragen

Die beiden folgenden Fälle sollen Ihnen beispielhaft vor Augen führen, welche möglichen Unannehmlichkeiten Ihr vierbeiniger Freund verursachen kann:

Fall 1: Sie haben Gäste. Als diese sich verabschieden, stellt eine Besucherin fest, daß der Riemen ihrer Handtasche von Ihrem Hund abgefressen wurde.

Fall 2: Im wilden Spiel auf der Wiese mit anderen Hunden rennt Ihr Hund in die Beine eines anderen Hundebesitzers. Der verdreht dabei seinen Fuß so unglücklich, daß er sich einen Bänderriß zuzieht.

Der erste ist zweifelsohne nur ein harmloser Fall, beim zweiten können aber erhebliche Schadensersatzforderungen auf Sie zukommen. Für alle Schäden nämlich, die Ihr Hund verursacht, sind Sie haftbar. Deshalb empfiehlt es sich, sofort eine Tierhalterhaftpflicht- und Rechtschutzversicherung abzuschließen.

In diesem Zusammenhang sollten Sie ins Auge fassen, mit Ihrem Hund eine Verhaltensüberprüfung bei der Gesellschaft der Bullterrier-Freunde e.V. oder eine Begleithundprüfung über einen Verein des Verbandes für das Deutsche Hundewesen e.V. abzulegen. Falls es einmal zu ungerechtfertigten Vorwürfen kommen sollte, z.B. wenn Ihr Hund beschuldigt wird, eine Rauferei angefangen zu haben, können Sie mit den genannten Ausbildungskennzeichen dessen Sozialverträglichkeit nachweisen.

Empfehlenswert ist auch, sich einem der Bullterrier-Zuchtvereine anzuschließen. Die jahrzehntelange Erfahrung mit dem rechtlichen Geschehen um die Hunderasse gehören u.a. zum Vereinsangebot.

Ein Bullterrier ist ein echter Familienhund, der jeden Spaß mitmacht.

Gesunde Ernährung

Gesunde Ernährung

Eine gesunde Ernährung bewirkt, erhält und fördert Gesundheit, Leistungsfähigkeit und Lebensfreude. Für Eigenschaften wie Beweglichkeit, Sportlichkeit, Kraft, Ausdauer, Schönheit, eine schlanke Gestalt und gepflegte Erscheinung ist die Ernährung ebenfalls von großer Bedeutung.

Da ein Bullterrier rassebedingt eine sehr kräftige und breite Statur hat, hat man ihm schnell ein Fettpolster angefüttert, ohne daß man es merkt. Beim täglichen Umgang fallen die Unterschiede gar nicht auf. Ein Bullterrier sollte das Maximum an Substanz für seine Größe besitzen. Mit Substanz ist jedoch Muskelmasse und Knochenstärke gemeint, keinesfalls Fett.

Nun ist es schwierig, eine genaue Gewichtsempfehlung zu geben. Hündinnen sind etwas kleiner und leichter als Rüden. Bullterrier kommen auch in verschiedenen Typen vor: dem breiteren Bulltyp, dem schlanken Terriertyp und dem hochläufigen Dalmatinertyp. Entsprechend kann sich das Gewicht deutlich unterscheiden. Die Spanne reicht bei einem dreijährigen Hund von 21 kg bis 35 kg. Man sollte sich aber eher auf das Auge als auf die Waage verlassen. Wenn sich bei Ihrem Bulli während der Bewegung Fettwülste im Hüftbereich zeigen, dann ist es an der Zeit, daß er abnimmt.

Ein Hund, der über Tage nichts frißt, ist krank. Das Freßverhalten zu beobachten, läßt viele Rückschlüsse auf den Gesundheitszustand des Hundes zu.

Der Hund braucht mehr als Fleisch. Ein Wolf, als Vorfahr des Hundes, ernährt sich auch nicht ausschließlich von Muskelfleisch. Er frißt sein »Beutetier« vollständig auf. In dieser Nahrung sind nicht nur Muskelfleisch, sondern ebenso die Knorpel, Sehnen, das Fell und natürlich die Innereien samt dem pflanzlichen Inhalt enthalten.

Die Orientierung für die Zusammensetzung einer ausgewogenen Hundenahrung liegt bei den Vorfahren. Da Hunde in unserer Gesellschaft keine Beutetiere mehr erlegen, sondern von ihren Haltern ernährt werden, gibt es schon in jedem Supermarkt eine Vielzahl von Industrieprodukten zu kaufen. Speziellere Angebote hält der Zoofachhandel für Sie bereit.

Der folgende Beitrag soll Ihnen ein wenig helfen, hier die richtige Entscheidung für Ihren Hund zu treffen. Grundsätzlich ist die Fütterung abhängig von Alter, Größe und Gesundheitszustand des Hundes.

▸ Welpe

Wenn Sie sich einen Welpen ins Haus holen, sollte es von Seiten des Züchters selbstverständlich sein, Ihnen eine Anleitung für die Fütterung mitzugeben. Verwenden Sie in den ersten Tagen das Futter vom Züchter weiter, damit die Umstellung den Welpen nicht so sehr belastet. Sie müssen bedenken, daß der Welpe in eine neue, fremde Umgebung kommt, und diese Umstellung sollte möglichst behutsam eingeleitet werden. Es wäre eine völlige Überforderung des Welpen, wenn Sie abrupt das Futter wechseln. Ein plötzliches Umstellen kann schwerwiegende Durchfälle hervorrufen. Durch den hohen Wasserverlust kann dies sogar lebensgefährlich für den Welpen werden.

Grundsätzlich gilt: Futterumstellungen langsam und schrittweise über ca. fünf Tage durchführen, so daß sich der Verdauungstrakt des Hundes an die neue Nahrung gewöhnen kann.

Besprechen Sie mit Ihrem Züchter den Ernährungsplan für die erste Zeit. Normalerweise bekommt der Welpe zunächst vier Mahlzeiten. Wachsende Hunde haben einen höheren Energiebedarf. Das heranwachsende Skelett braucht mehr als doppelt so viele Mineralstoffe. Unten steht ein Vorschlag, wie diese Mahlzeiten aussehen könnten.

1. Mahlzeit, morgens

Eine Tasse Getreideflocken mit 1 ½ Tassen Milch aufkochen. Ist der sämige Brei abgekühlt, 1 Teelöffel Honig und ½ Teelöffel Traubenzucker hinzugeben. Das schmeckt dem Welpen.

2. Mahlzeit, mittags

Reis oder Nudeln mit 150g Fleisch (Muskelfleisch, Blättermagen, Pansen, wobei Blättermagen und Pansen roh, alles andere abgekocht verwendet wird; den Sud für die dritte Mahlzeit aufbewahren). Eventuell noch gute Flocken untermischen. Bleibt an Ihrem Mittagstisch ungewürztes Gemüse übrig, z.B. Kartoffeln, bietet es sich an, hiervon etwas unter das Futter zu mischen.

3. Mahlzeit, nachmittags

(Fertig-)Menü mit lauwarmem Wasser oder besser mit dem Sud des Fleisches oder dem Sud von ausgekochten Kalbsknochen (Markknochen, bitte nur Rind) anreichern. Die erwähnten ausgekochten Knochen darf man niemals dem Welpen geben, denn gekochte Knochen splittern, können sich im Rachen und Darm festsetzen und Durchfall und/oder Erbrechen hervorrufen.
Der Sud läßt sich problemlos einige Tage im Kühlschrank aufbewahren und dann vor Gebrauch portionsweise erwärmen. Man kann ihn auch in Portionen einfrieren, dadurch wird der Aufwand geringer.

4. Mahlzeit, abends

Eine Tasse Trockenfutter.
Solange Sie mehrere nasse Mahlzeiten am Tag füttern, geben Sie das Trockenfutter trocken, so kräftigt sich auch das Gebiß des Welpen.

Das Füttern aus der Hand kann leicht dazu führen, daß der Hund nur noch auf diese Weise sein Fressen annimmt.

Der Welpe wird von selbst anzeigen, wann Sie auf drei Mahlzeiten reduzieren können. Meist verschmäht er nach ca. drei Wochen die Getreideschleimmahlzeit.

Bieten Sie dem Welpen zwischendurch Obst an; vor allem Bananen und Äpfel werden gern gefressen. Aber auch Joghurt, Quark oder rohes Gemüse sind gut für den Hund. Mit einer Möhre beschäftigen Sie den Hund. Er reinigt sich die Zähne und kräftigt das Gebiß. Wird dies von dem Welpen angenommen, sollten Sie die Portionen der übrigen Mahlzeiten entsprechend reduzieren.

Abwechslungsreiche Ernährung und verschiedene Mahlzeiten sind sinnvoll: Zum einen wird verhindert, daß der Hund einseitig ernährt wird, und zum anderen wird auch vermieden, daß er sich ausschließlich auf eine Futtersorte oder -marke einstellt und womöglich später alles andere angebotene Futter ablehnt.

Zur (Freß-)Erziehung ihres Hundes gehört auch, daß Sie das Futter nur eine begrenzte Zeit für den Hund bereitstellen. Frißt der Hund nur einen Teil oder verschmäht er sogar die Mahlzeit, entfernen Sie den Napf, und füttern Sie den Hund erst wieder zur nächsten geplanten Fütterungszeit.

Was bedeutet es, wenn der Hund nicht leer frißt? Beim Welpen und Junghund kann es heißen, daß er nicht mehr so viele Mahlzeiten benötigt. Er zeigt an, daß man die Anzahl der Mahlzeiten reduzieren kann. Es kann aber auch sein, daß Sie einen schlechten Fresser in die Familie aufgenommen haben. In diesem Falle ist es besonders wichtig, den Hund nicht unnötig zu verwöhnen, sondern eher mal eine Mahlzeit auszulassen und Freßanreize zu schaffen, beispielsweise ihn mit anderen Hunden zusammen fressen zu lassen.

Wenn Sie anfangen, Ihren Bullterrier mit der Hand zu füttern, wird er garantiert sein Leben lang ein mäkelnder Fresser bleiben.

ERZIEHUNGSTIP ▸ Futterneid ist ein instinktives Verhalten und wölfisches Erbe. Es kommt von der Angst, daß ein anderer das Futter fressen könnte.

Der Rudelführer muß seinem Hund jedoch jederzeit das Fressen oder den Knochen wegnehmen können, ohne daß er angeknurrt wird. Dies erreichen Sie, wenn Sie nicht gleich die gesamte Ration, sondern ein-, zweimal während des Fressens einen Nachschlag geben. Auf diese Art verbindet der Welpe schon frühzeitig Ihr Näherkommen mit mehr Futter. Er braucht also keine Angst zu haben, daß jemand es ihm streitig machen will. Bestärken Sie den Hund in seinen Drohgebärden nicht. Er muß Sie als Rudelführer anerkennen, ansonsten können Sie ein ernsthaftes Rangordnungsproblem mit dem Hund bekommen.

Junghund

Das Futterangebot ist fast nicht überschaubar. Die Frage, ob Naß- oder Trockenfutter, stellt sich ebenso wie selbst gemacht oder Fertigmischung. Die heutige Tiermedizin hat die Besonderheiten des Hundesstoffwechsels genau untersucht. Dieses Wissen haben sich die Produzenten von Hundenahrung zu nutze gemacht. Es gibt viele gute Trockenfutter, die alles in der richtigen Zusammensetzung enthalten, was der Hund braucht. Gute Anbieter unterscheiden bei ihren Mischungen nach Alter des Hundes. Teilweise wird auch Spezialfutter angeboten, das bestimmten Krankheitsbildern diätetisch entgegenwirkt.

Wenn Sie auf Nummer sicher gehen wollen, daß Ihr Hund eine ausgewogene Ernährung bekommt, dann verwenden Sie nur eine Futtermittelmarke, von der sowohl Trockenfutter als auch Menüs angeboten werden, da diese aufeinander abgestimmt sind und sich optimal ergänzen.

Für Bullterrier ist es sehr empfehlenswert, den Proteingehalt ab dem 5. Lebensmonat auf höchstens 24% Rohprotein zu reduzieren. Rassespezifisch kann man sagen, daß der Bullterrier anfällig für Hautkrankheiten ist, und geringere Proteingaben können sich hier positiv auswirken. Vermeiden sie es, den Bullterrier zu mästen. Das Fell sollte immer »trocken« anliegen. Bei zu viel Gewicht wird das Skelett sehr stark belastet. Zu schwere erwachsene Hunde bekommen meist Probleme mit den Gelenken sowie mit Bändern und Sehnen.

TIP

Gute Erfahrungen haben wir mit der Beimischung von einem Eßlöffel Öl mit hohen Anteilen an ungesättigten Fettsäuren, z.B. Distelöl, gemacht. Das regt den Appetit an und ist gut für das Fell.

Richtig angeleitet, lernen Kinder für den Hund in der Familie Verantwortung zu übernehmen und ihn respektvoll zu behandeln.

Erwachsener Hund

Schließlich hat Ihnen Ihr Hund signalisiert, daß er nicht mehr mehrere Mahlzeiten am Tag benötigt. Gewöhnen Sie ihm eine Fütterungszeit an, auf die er sich verlassen kann.

Wenn Sie den Eindruck bekommen, daß Ihr Hund zu fett wird, dann lassen Sie regelmäßig einmal in der Woche das Fressen ausfallen und achten darauf, daß er nicht zuviel Fett zu sich nimmt.

Sollte Ihr Hund Hautprobleme bekommen, stellen Sie die Ernährung um. Füttern Sie ein bis zwei Wochen ausschließlich Vollkornreis, möglichst in Fleisch- oder Gemüsebrühe gekocht. Stellen Sie danach auf ein anderes Futter mit möglichst wenig Rohprotein um.

Beobachten Sie auch genau, was der Hund sonst noch alles zu fressen bekommt. Vielleicht reagiert er allergisch auf die Leckereien bzw. Kauartikel.

Wie oft füttern?

Alter	*Anzahl Mahlzeiten*
bis ca. 12 Wochen	4 pro Tag
bis ca. 5 Monate	3 pro Tag
ab ca. 5 Monate	2 pro Tag
ab ca. 16 Monate	1 pro Tag

bei älteren Hunden (ca. ab 10 Jahre) ist die Futtermenge wieder in 2–3 Mahlzeiten aufzuteilen.

Leckereien und Kauartikel

Hundekekse aller Art dienen zur Belohnung in der Erziehung und sind in der Futtermenge zu berücksichtigen. Große Hundekuchen, Büffelhautknochen, getrocknete Schweinsohren, Kalbs- und Ochsenziemer dienen der Reinigung und Kräftigung des Gebisses.

Die Büffelhautknochen eignen sich auch zum Zeitvertreib. Gerade Junghunde kommen auf allerlei Nageideen, daher ist die Beschäftigung mit einem Kauknochen durchaus auch aktiver Wohnungsschutz.

Das Bedürfnis zu nagen ist in der Zeit des Zahnwechsels besonders groß, manche Hunde verlieren dieses Bedürfnis nie.

TIP

Wenn Sie nur Trockenfutter verwenden, dann weichen Sie es vorher in Wasser ein. So können Sie sicher sein, daß Ihr Hund genügend Flüssigkeit aufnimmt.

Ergänzungsfutter

Sie brauchen keine zusätzlichen Vitamine und Mineralstoffpülverchen oder -tabletten zu kaufen. Wenn Sie Vollnahrung, also ein Alleinfutter, geben, sind die Nährstoffe, Vitamine und Mineralstoffe ausreichend und ausgewogen enthalten.

Die einzige Ausnahme, die wir bei der Aufzucht machen, ist, wenn der Zahnwechsel einsetzt. Hat Ihr Welpe den ersten Milchzahn verloren, besorgen Sie 20 Calcium-Forte-Trinkampullen und verabreichen täglich eine Einheit mittels einer Spritze (ohne Nadel) direkt in den Fang.

Wasser

Es versteht sich von selbst, daß jederzeit genügend frisches Wasser für Ihren Hund bereitstehen muß.

Füttern verboten!

Dies gilt für folgende Nahrungsmittel:
- Stark gewürzte und gesalzene Speisereste.
- Rohes Schweinefleisch kann die Erreger der für den Menschen harmlosen, beim Hund aber tödlich verlaufenden Aujeszkyschen Krankheit enthalten.
- Rohes Eiweiß zerstört das Vitamin Biotin.
- Knochen splittern und können zu Verletzungen in Maul, Schlund und Verdauungstrakt führen. Dies kann sich tödlich auswirken. Zudem sind Knochen für ausgeprägte Verstopfungen verantwortlich.
- Süßigkeiten und Schokolade schaden dem Hund.

Nach dem abendlichen Fressen soll der Hund noch einmal ins Freie hinaus. Dies fördert die Verdauung und eine ruhige Nacht für Hund und Herr.

Richtige Pflege

Richtige Pflege

Bullterrier sind sowohl anatomisch als auch vom Fell her gesehen äußerst pflegeleichte Hunde. Sie haben besonders im Kopfbereich sehr straff anliegendes, kurzes Fell. Die Gefahr, daß sich, wie bei den kurzschnauzigen Rassen, in Hautfalten Verunreinigungen sammeln, die wiederum Ekzeme verursachen können, kennt man nicht. Auch sabbern die Bullterrier nicht, da die Lefzen fest anliegen. Man muß weder den Hund von seinem eigenen Speichel reinigen noch seine Umgebung.

An das Wenige, was man bei der Pflege beachten sollte, muß sich jedoch auch ein Bullterrier erst gewöhnen. Beim Tierarzt oder auf Ausstellungen muß er sich sogar von fremden Menschen anfassen lassen. Betrachten Sie daher das Anfassen, Betasten und Abrubbeln des Fells als Erziehungsmaßnahme. Fangen Sie frühzeitig beim Welpen an. Loben Sie ihn, spielen Sie mit ihm, geben Sie ihm ein Leckerli, wenn er bei den verschiedenen Pflegeübungen stillhält. Auf diese Weise verknüpft er das Notwendige mit angenehmen Dingen.

Nach einem solchen Schlammbad bleibt nur eines übrig: ab unter die Dusche.

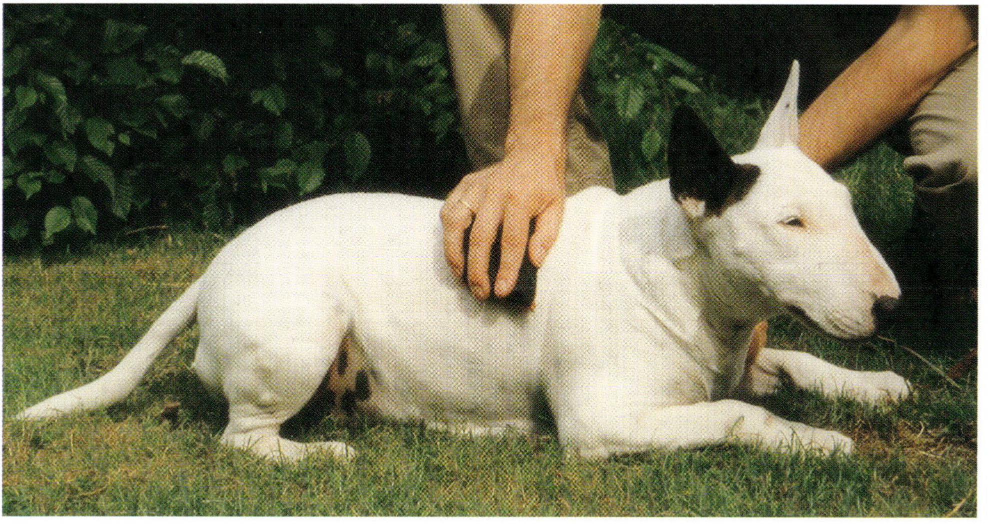

Bürsten und Striegeln empfinden Bullterrier als wohltuende Behandlung.

Fell

Es gibt wohl fast keinen Bullterrier, dem das Striegeln oder Bürsten nicht gefällt. Man kann das an seiner entspannten Haltung und den meist wohligen Lauten erkennen, die er dabei von sich gibt. Als Geräte sind zu empfehlen: Striegel, Bürste und vor allem Noppenschwamm oder -handschuh.

Tasten Sie Ihren Hund bitte vorher ab, ob nicht an irgendeiner Stelle eine Wunde mit Schorf ist, damit der nicht aufgerissen wird. Im Sommer sollten Sie ihn nach vermeintlichen Zecken untersuchen. Ein beim Bürsten abgerissener Zeckenkopf könnte eventuell eine Infektion verursachen.

Prüfen Sie gelegentlich die Haut unter dem Haarkleid. Wenn sie schuppig ist, sollten Sie das bei einem nächsten Tierarztbesuch ansprechen. Normalerweise haart der gesunde Bullterrier im Frühjahr und Spätherbst nur leicht. Verliert er aber ständig und in Mengen Haare, so sollten Sie mit dem Tierarzt reden. Hinter Haut- und Haarveränderungen steckt oftmals ein leicht zu lösendes Ernährungsproblem. Auch nach einer tierärztlich verordneten Antibiotika-Therapie treten manchmal starke Haarverluste auf.

Baden

Das Fell des Bullterriers hat einen auffallenden Selbstreinigungsmechanismus. Kleine Verschmutzungen verschwinden meist in kürzester Zeit oder sind schnell ausgebürstet. Deshalb braucht man ihn in der Regel nicht zu baden. Dennoch gibt es Fälle, in denen nur die Anwendung von Wasser hilft. Sicherlich werden Sie sich manchmal über Ihren Hund wundern und sich fragen, warum dieser sich ausgerechnet in einem frisch mit Jauche gedüngten Feld wälzen muß. Für einen Hund gibt es nichts Schöneres auf der Welt. Da man ihn so nicht in die Wohnung lassen will, wird er kurz geduscht. Gewöhnen Sie Ihren Hund frühzeitig daran. Benutzen Sie möglichst nur klares, lauwarmes Wasser und nur im äußersten Falle Shampoo, weil es den Fett- und Säureschutzmantel der Haut angreift. Gut abfrottiert, trocknet das kurze Fell bei Zimmertemperatur sehr schnell.

TIP

Gewöhnen Sie auch schon deshalb Ihren Hund ans Baden, falls dies aus medizinisch-therapeutischen Gründen einmal notwendig sein sollte.

Streusalz

Waschen Sie im Winter, sobald der erste Schnee gefallen ist und die Wege und Straßen mit Salz gestreut wurden, Ihrem Hund nach dem Spaziergang die Pfoten. Salzreste verursachen ein unangenehmes Brennen. Diese Stellen versucht der Hund durch Lecken zu beruhigen. Dabei nimmt er das Salz auf, was wiederum zu Durchfall führen kann.

Pfoten

Schauen Sie sich öfters den Zwischenzehenbereich und die Ballen an. Die Haare zwischen den Zehen sollten entsprechend der Fellfarbe sein. Eine rostbraune Verfärbung weist möglicherweise auf ein kommendes Ekzem hin, es kann aber auch »nur« ernährungsbedingt sein. Sprechen Sie darüber mit Ihrem Tierarzt.

Krallen

Es ist ratsam, beim Welpen die Krallen zu kontrollieren und eventuell zu schneiden. Da in diesem Alter das Gewicht noch sehr gering ist und der Welpe auch noch nicht die Strecken zurücklegt wie erwachsene Hunde, laufen sich die Krallen nicht ab. Später sollte der Bullterrier auch auf härterem Untergrund (Asphalt, Beton) bewegt

Die fünften Zehenkrallen sollten in regelmäßigen Abständen geschnitten werden.

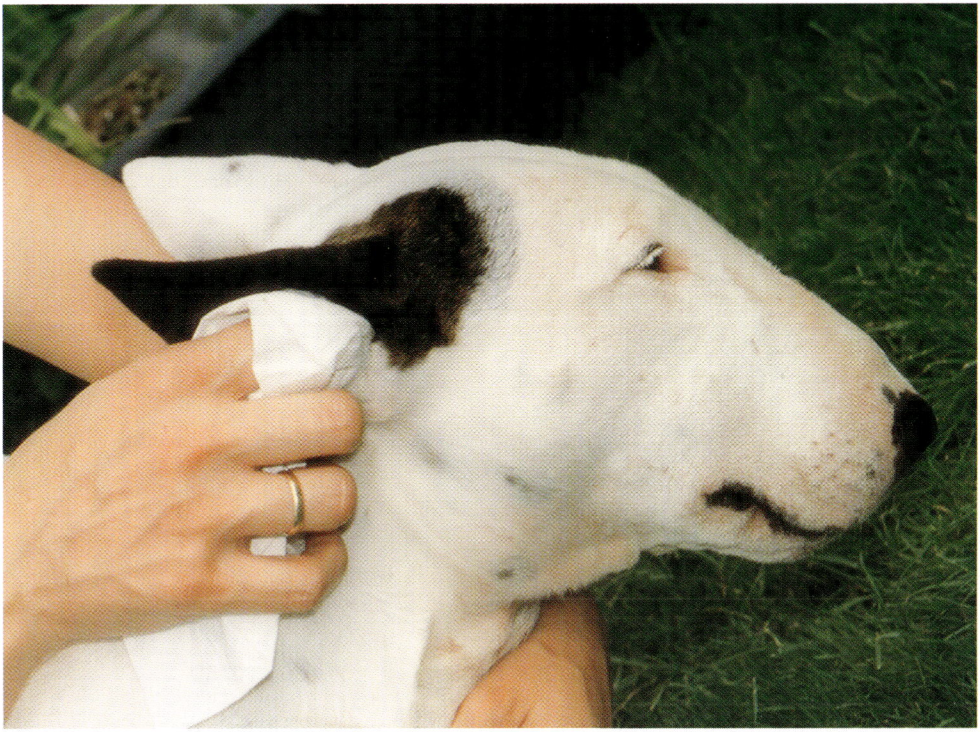

Mit einem Papiertaschentuch lassen sich die Ohren gut säubern.

werden, damit er seine Krallen abwetzen kann. Die ideale Länge haben die Krallen, wenn sie beim Laufen nicht den Boden berühren.

Regelmäßig schneiden sollten Sie die fünfte Zehe, die sich Ihr Hund nicht ablaufen kann. Ist sie zu lang, könnte es nämlich vorkommen, daß er damit an seiner Decke oder beim Spazierengehen im Unterholz hängenbleibt und sich die Kralle an- oder abreißt. Solche kleinen Verletzungen sind sehr unangenehm. Besonders angerissene Krallen sind äußerst schmerzhaft, wenn man sie berührt. Ein Tierarzt muß dann die Kralle ziehen.

Seien Sie vorsichtig beim Schneiden, damit Sie nicht in den durchbluteten Teil zwicken. Der Hund wird dabei nicht nur einen gewaltigen Schmerz verspüren, sondern sich gegen weiteres Schneiden immer wehren.

▸ Ohren

Anders als Hunde mit Hängeohren, die einer ständigen Pflege bedürfen, sind die Stehohren des Bullterriers keine Problemzone. Staub und Ohrenschmalz können wegen der guten »Belüftung« trocknen und fallen beim Schütteln heraus. Sollte sich doch einmal ein Fremdkörper oder eine Entzündung im Ohr befinden, zeigt das der Hund durch eine schräge Kopfhaltung, Abknicken des betroffenen Ohres nach außen sowie durch Kopfschütteln an.

Trotzdem sollten Sie gelegentlich einmal in die Ohren schauen und mit einem Papiertaschentuch das Ohrenschmalz sorgsam auswischen. Dadurch vermeiden Sie, daß das angetrocknete Ohrenschmalz in Ihrer Wohnung ausgeschüttelt wird.

Ohren reinigen

Benutzen Sie auf keinen Fall Wattestäbchen. Verletzungen passieren so schnell, wenn der Hund sich dagegen wehrt und den Kopf ruckartig bewegt.

Augen

Augen und Augenlider bedürfen keiner besonderen Pflege. Doch sollten Sie beim geringsten Ausfluß oder der kleinsten Rötung sofort den Tierarzt aufsuchen. Schon winzige Fremdkörper oder Verletzungen können schwerwiegende Entzündungen hervorrufen. Entsprechend reagieren sollten Sie auch, wenn die Augenlinse trüb wird. Dies deutet entweder direkt auf eine Erkrankung der Augen oder indirekt auf eine Erkrankung im restlichen Organismus hin.

Zähne

Im Alter von vier bis fünf Monaten verliert der Junghund seine Milchzähne, und die bleibenden, zweiten Zähne wachsen nach. Im Unterschied zu den Milchzähnen sind die neuen Zähne kräftiger. In dieser Zeit sollten Sie das Durchbrechen und den Stand der neuen Zähne genau beobachten. Achten Sie darauf, wie sich die Fangzähne verhalten, ob die unteren nach innen wachsen oder ob die unteren sich hinter die oberen schieben. Diese Fehlstellungen gehen einher mit der Kieferformung. Der Unterkiefer entwickelt sich manchmal in anderen Schüben als der restliche Knochenbau. So kann sich der Unterkiefer vor den Oberkiefer schie-

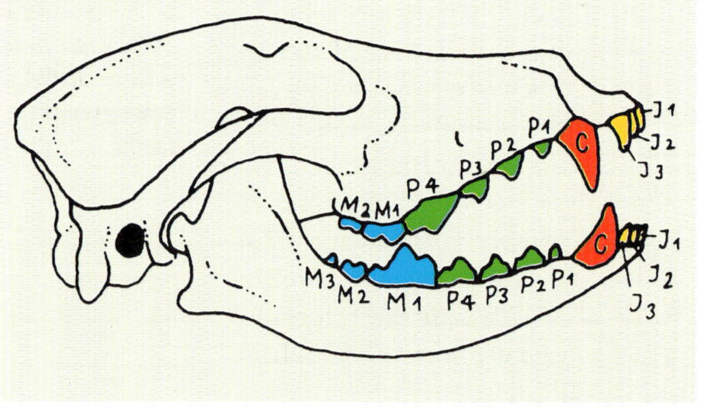

Das komplette Hundegebiß: je 3 Schneidezähne (I_1–I_3), 1 Eckzahn (C), 4 vordere Backenzähne (P_1–P_4) sowie oben 2 und unten 3 hintere Backenzähne (M_1–M_3).

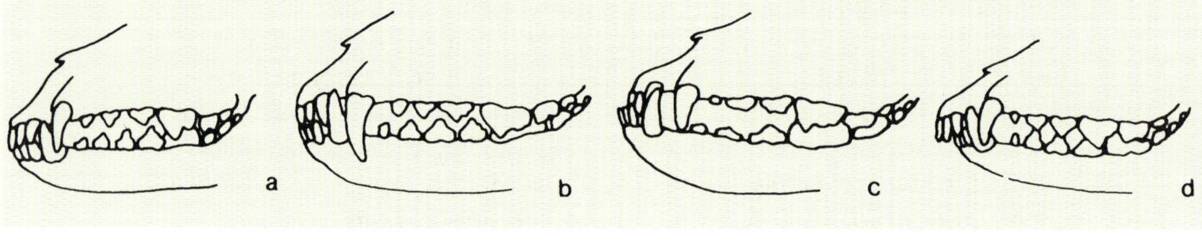

a Korrektes Scherengebiß. Die regelmäßig und senkrecht im Oberkiefer stehenden sechs Schneidezähne überlappen ohne Zwischenraum die ebenso stehenden sechs Schneidezähne im Unterkiefer.

b Zangengebiß. Alle sechs Schneidezähne des Oberkiefers beißen auf die sechs Schneidezähne des Unterkiefers.

c Vorbiß. Die sechs Schneidezähne des Unterkiefers stehen vor denen des Oberkiefers.

d Rückbiß. Die sechs Schneidezähne des Unterkiefers stehen so hinter denen des Oberkiefers, daß ein Gebißschluß in der Form eines Scherengebisses offensichtlich nicht mehr gegeben ist.

Gelassen nimmt ein Bullterrier die Zahnkontrolle hin, wenn er bereits als Welpe daran gewöhnt wurde.

ben, was man als Vorbiß bezeichnet. Liegt umgekehrt der Ober- vor dem Unterkiefer, spricht man von Überbiß.

Nach innen stehende Fangzähne drücken in den Gaumen und bereiten so dem Hund Schmerzen. Beraten Sie sich mit Ihrem Tierarzt, wie man dem abhelfen kann.

Innerhalb des Organismus können kranke Zähne verheerende Folgen haben. Insbesondere vereiterte Zähne belasten die Nieren in ihrer Eigenschaft als Entgiftungsorgan sehr stark und können sogar die Ursache von schweren Nierenfunktionsstörungen und Herzklappenentzündungen sein. Die Frage ist jedoch, woran man einen kranken Zahn erkennt. Faule Zähne findet man bei jungen Hunden nicht. Diese fallen bei einer Blickkontrolle sofort auf. Kranke, jedoch gesund aussehende werden leider eher zufällig entdeckt. Jault der Hund plötzlich beim Hinundherzerren beim Spielen mit dem Beißstrick auf, können Sie sicher sein, daß es ein Zahn ist, der ihm diese Schmerzen bereitet. Ihr Tierarzt sollte dann die Zähne untersuchen und die notwendige Behandlung durchführen.

TIP

Wenn Sie dem Hund nach dem Füttern je nach Alter ein bis drei Stück Hundekuchen geben, tun Sie einiges für die Zahnpflege. Die harten Brocken reinigen das Gebiß und bremsen die Zahnsteinbildung.

Zahnstein tritt erst mit den Jahren auf. Selbst regelmäßiges Zähneputzen mit den im Handel üblichen Zahnpasten kann ihn nicht verhindern. Für die Behandlung wird der Hund vom Tierarzt in Narkose gelegt.

▸ Analdrüsen

Diese beiden Duftdrüsen liegen links und rechts am Ende des Darmausgangs kurz vor dem Schließmuskel. Sie produzieren ein übelriechendes Sekret, das beim Kotabsatz tropfenweise abgegeben wird. Mit diesem Geruch hinterläßt ein Hund seine Visitenkarte. Deshalb schnuppern auch andere Hunde am Kot, um herauszufinden, wer sich im Revier befindet.

Leider ist der Analdrüsenausgang sehr eng, und es kommt recht häufig zur Verstopfung dieses Ausgangs, wenn das Sekret etwas eindickt. Die Drüse füllt sich immer mehr und verursacht Juckreiz. Der Hund beginnt dann, mit dem After auf dem Boden zu rutschen (Schlitten fahren). In diesem Falle sollten Sie lernen, ihm die Analdrüsen auszudrücken. Lassen Sie sich vom Tierarzt die Tricks zeigen, wie man das macht.

Analdrüsenverstopfung kommt meist von einer Störung der Verdauung oder des Stoffwechsels. Achten Sie immer darauf, daß der Kot sehr fest ist und der Hund etwas pressen muß. Denn dadurch wird auch das Sekret

Ist der Hund gepflegt, wird seine Gegenwart von jedermann als angenehm empfunden.

Pflegeprogramm

Tägliche Pflege	*Wöchentliche Pflege*
– Füttern – Hundekuchen oder trockenes Vollkornbrot für die Zahnpflege – Zwei- bis dreimal täglich das Wasser im Trinknapf gegen frisches auswechseln – Augen anschauen	– Pfoten und Ballen kontrollieren – Krallen kontrollieren und, wenn nötig, schneiden – Ohren kontrollieren *Gesundheitsvorsorge* – Viertel- bis halbjährliche Wurmkur oder Kotuntersuchung – Regelmäßige Schutzimpfungen

herausgedrückt. Mitunter kann eine Verstopfung der Analdrüsen zu einer Entzündung führen, die wiederum einen sehr schmerzhaften Abszeß nach sich zieht. Die Hunde lassen sich dann nicht in der Schwanzgegend anfassen, schleichen unruhig und mit eingezogenem Schwanz herum und schauen dauernd nach hinten.

Gesundheitsvorsorge

Zum Pflegeprogramm des Hundes sollte auch die Vorsorge hinsichtlich Parasitenbefall und Bakterien- und Virusinfektionen gehören. Die viertel- bis halbjährliche Entwurmung fällt darunter, wie auch die regelmäßigen Schutzimpfungen.

Möchten Sie dem Hund nicht die Entwurmungstabletten zumuten, weil sie ja doch eine medikamentöse Belastung des Organismus darstellen, können Sie statt dessen den Kot in regelmäßigen Abständen auf Wurmbefall untersuchen lassen. Dabei ist zu beachten, daß Sie im Zeitraum von mindestens einer Woche täglich Kotproben in einem Schraubglas sammeln und dem Tierarzt zur Untersuchung bringen. Es ist nämlich nicht gesagt, daß mit jedem Kothaufen auch Würmer oder deren Eier abgesetzt werden. Falls der Hund Würmer hat, kann man dann immer noch eine Wurmkur einleiten.

Zur Impfprophylaxe gibt es leider noch keine nennenswerte Alternative.

Rundum gesund

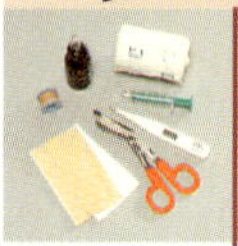

Rundum gesund

Wichtige Faktoren dafür, daß Ihr Bullterrier gesund ist und bleibt, sind artgerechte Haltung, Pflege und gesunde Ernährung. Äußere Anzeichen dafür, daß es ihm gutgeht, sind seine Aufmerksamkeit, Neugierde, Spielleidenschaft, Lebendigkeit, ein guter Appetit und im Welpenalter kräftiges Wachstum.

TIP

Fühlen Sie gelegentlich einmal das Herz in Ruhe. Es sollte zwischen 70 und 100mal in der Minute schlagen. Die ideale Körpertemperatur liegt höher als beim Menschen, bei etwa 38,5 °C.

Man sollte immer bedenken, daß selbst das stärkste Immunsystem gegen bestimmte Krankheiten machtlos ist. Auch können besondere, möglicherweise genetisch bedingte Fehlentwicklungen oder Abnutzungserscheinungen, beispielsweise im Gelenkbereich, erst mit den Jahren durchbrechen und dem Hund heftigste Probleme bereiten.

Vorbeugung

Mit 8 Wochen wurde der Welpe beim Züchter geimpft. Dennoch sind dieses Alter und die folgenden Wochen eine kritische Zeit. Zum einen erlischt der mit der Muttermilch eingesaugte Immunschutz allmählich, und es dauert noch, bis der Impfstoff die neue Abwehrfähigkeit aufgebaut hat. Zum anderen sind der Organismus des Welpen und die Psyche durch Wachstum, Entwicklung und Bewältigung von neuen Erfahrungen und Wahrnehmungen zu stark beansprucht, als daß sie sich gegen die Erreger von außen angemessen wehren können. Und die drohen ständig und überall.

Große Infektionsrisiken finden sich in Kothaufen oder Urinausscheidungen. Da für Hunde Gerüche eine außerordentlich bedeutsame Orientierungshilfe sind und sie deshalb bevorzugt versuchen, die Umwelt über ihr Riechorgan wahrzunehmen, hängen sie buchstäblich die Nase überall hinein. So bleibt es nicht aus, daß auch Ihr Bullterrier beim Herumschnüffeln an Stellen mit Unrat gerät und somit Krankheitserreger inhaliert. Meiden Sie deshalb sogenannte Hundemeilen. Das sind Wege, auf denen sehr viele Hunde spazierengeführt werden und wo folglich mit einem größeren Aufkommen an Exkrementen zu rechnen ist.

Überhaupt ist das Ansteckungsrisiko immer dort hoch, wo viele Hunde zusammenkommen, wie beispielsweise auf dem Hundeplatz. Dieses Risiko

Info

Eine Ansteckungsgefahr stellt leider auch die Tierarztpraxis dar. Logischerweise, denn nirgendwo sind so viele kranke Tiere versammelt.

sollte Sie aber nicht davon abhalten, den wichtigen Kontakt zu anderen Hunden zu suchen und zu halten. Vereinbaren Sie deshalb mit Ihrem Tierarzt einen Termin außerhalb der Sprechstunde oder gehen Sie dann hin, wenn mit wenig Patienten zu rechnen ist. Nehmen Sie im Wartezimmer Ihren Bullterrier, solange es geht, auf den Schoß, damit er nicht auf dem Boden herumschnüffelt. Lassen Sie ihn auch nicht aus bereitgestellten Wassernäpfen saufen.

Sprechen Sie mit ihrem Tierarzt über weitere Impfmöglichkeiten neben den Routineimpfungen gegen Staupe, Hepatitis, Leptospirose, Parvovirose und Tollwut. Bedenken Sie, daß immer wieder neue Krankheitserreger auftauchen können, daß aber auch das medizinische Wissen ständig voranschreitet. Befragen Sie deshalb Ihren Tierarzt in Abständen nach neuesten Entwicklungen auf dem Gebiet der Impfstoffe.

Wenn Sie das Pflegeprogramm im vorangegangenen Kapitel beherzigen, haben Sie schon viel zur Vorsorge und Früherkennung von möglichen Krankheiten Ihres Hundes getan. Vor allen Dingen sollten die Entwurmungsabstände bei Welpen genau eingehalten werden.

Auch wenn Sie Ihren Hund lieber von einem Tierarzt behandeln lassen, der nicht oder nicht mit allen medizinischen Einrichtungen ausgestattet ist, so kann es unter Umständen lebensrettend sein, daß Sie wissen, welcher andere Tierarzt mit Hilfe dieser Möglichkeiten arbeitet, damit Sie zu einer schnellen und klaren Diagnose kommen.

Bei alten Bullterriern kippen manchmal die Ohren.

TIP

Über die Wahl des Tierarztes entscheiden häufig Sympathie und Empfehlungen anderer Hundebesitzer. Dagegen ist nichts zu sagen. Vergleichen Sie aber trotzdem verschiedene Praxen hinsichtlich ihrer Untersuchungsmoglichkeiten. So besitzen nicht alle Tierärzte einen Röntgenapparat oder ein Ultraschallgerät, oder sie verfügen nicht über ein eigenes Labor.

Ektoparasiten

Wegen des kurzen Fells des Bullterriers sind Ektoparasiten (äußere Parasiten) wie Flöhe, Zecken und Läuse leicht zu erkennen oder zu ertasten. Wenn die Haarfarbe zudem noch weiß ist, heben sich die dunklen Winzlinge besonders gut ab. Werfen Sie beim Spazierengehen im Wald oder auf der Wiese gelegentlich einen prüfenden Blick auf Ihren Hund oder streifen ihn mit den Händen ab. Auf diese Weise entdeckt man schon so manche Zecke, bevor sie sich festsaugen kann.

Mittel und Möglichkeiten, die die Parasiten abwehren sollen, gibt es ausreichend im Handel und den Tierarztpraxen. Jedoch sind nicht alle unbedenklich, besonders wenn der Hund in der Wohnung lebt und von Ihnen häufig gestreichelt wird. Sprechen Sie mit Ihrem Tierarzt, denn auf diesem Gebiet werden ständig Neuentwicklungen angeboten.

Saugt sich in der Haut des Hundes ein Ektoparasit fest, sollten Sie ihn sofort entfernen und die Einstichstelle über Tage beobachten. Denn diese Parasiten können schlimme Krankheiten auslösen oder übertragen.

TIP

Viele Bullterrierfreunde reiben in den wärmeren Jahreszeiten ihre Hunde ein- bis zweimal in der Woche mit ein paar Tropfen Duftöl ein und haben damit zumindest gegen Zecken Erfolg.

FLÖHE, LÄUSE UND HAARLINGE ▸ An diese Parasiten sollten Sie denken, wenn der Hund sich ständig kratzt. Er reagiert damit auf den Juckreiz, den ein Floh- oder Läusebiß hinterläßt. Finden Sie auf der Haut kleine rote Knötchen oder im Fell schwarze Krümel, sollten Sie sofort zu einem Ungezieferspray oder -puder greifen. Behandeln Sie aber nicht nur den Hund, sondern auch sein Lager. Die Mittel vernichten mit den Parasiten auch deren Eier und Larven.

Einen Floh kann sich ein Hund einfangen, wenn er mit Tieren in Kontakt kommt, die viel oder ausschließlich im Freien leben, wie z.B. Katzen oder Geflügel. Begegnet Ihr Hund einem Igel, können Sie sicher sein, daß Flöhe überspringen.

Flöhe und Läuse sind Blutsauger. Haarlinge ernähren sich von Hautschuppen. Letztere übertragen keine Krankheiten. Flöhe sondern jedoch beim Einstich in die Haut ein Sekret ab, das folgenschwere Allergien auslösen kann. Typisch ist dann Haarausfall, der sich bei manchen Hunden auf dem ganzen Körper ausbreitet. Damit beginnt ein unangenehmer Kreislauf. Die kahlen Stellen jucken, der Hund kratzt sich unentwegt, bis die Haut blutet. Es kommt zu Schorfbildung, aber auch zu Entzündungen mit Eiterherden. Solche Krankheiten belasten nicht nur den Hund, sondern auch seinen Besitzer aufs äußerste. Solche Allergien sind nach wie vor schwierig zu behandeln.

Flöhe sind zudem Überträger des Hundebandwurms. Deshalb sollten Flohbekämpfung und Wurmkur Hand in Hand gehen.

ZECKEN ▸ Zecken lauern besonders in Wäldern, auf Wiesen mit Baumbestand und großwüchsigen Gräsern. Ihre Saison beginnt und endet mit den wärmeren Jahreszeiten. Sie werden zunehmend unter Hundebesitzern gefürchtet, weil sie die gefährliche Lyme-Borreliose übertragen. Aktuelle Studien belegen, daß in manchen Gebieten südlich der Main-Linie mittlerweile 30% der Zecken mit Lyme-Borreliose-Bakterien infiziert sind. Die Krankheit kann eine unterschiedlich lange Inkubationszeit haben. Es können Tage oder gar Wochen nach dem eigentlichen Zeckenstich vergehen, bevor sie ausbricht. Zu Beginn zeigen sich beim Hund wenig markante Symptome wie Mattigkeit, Appetitlosigkeit, Fieber – Symptome, wie sie bei vielen anderen Infektionskrankheiten auftreten. Die kurz danach einsetzenden Gelenksentzündungen rechtfertigen einen ersten Verdacht auf Lyme-Borreliose. Meist sind verschiedene Gelenke wechselnd betroffen, vor allem die Gelenke an den Vorder- und Hinterläufen. Aufgrund der sehr schmerzhaften Schwellungen beginnt der Hund zu lahmen, insbesondere nach dem Aufstehen.

Im weiteren Verlauf können das zentrale Nervensystem, Herz, Nieren und andere Organe geschädigt werden. Eine Behandlung ist aufwendig und nicht immer erfolgreich.

Mit einem neu entwickelten Impfstoff können alle erwachsenen Hunde einschließlich trächtiger Hündinnen und sogar Welpen ab der zwölften Lebenswoche geimpft werden.

Zecken übertragen auch die Babesiose oder Piroplasmose. Deren Erreger verursachen Fieber, Leber- und Milzschwellung, Anämie, Gelbsucht und Gelenkserkrankungen. Sollten sich bei Ihrem Hund solche Anzeichen einstellen, dann handeln Sie sofort. Die Freigabe eines entsprechenden Impfstoffes wird demnächst erwartet.

TIP

Benutzen Sie zum problemlosen Entfernen der Zecken eine spezielle Zeckenzange, mit der Sie den Parasiten direkt hinter seinem Kopf fassen. Drehen und ziehen Sie die Zecke gleichzeitig heraus. Achten Sie darauf, daß der Kopf nicht abgerissen wird, da sich sonst die Stelle entzünden kann.

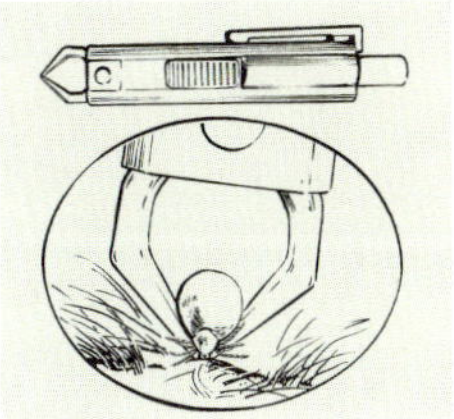

MILBEN ▸ Sie sind mit dem bloßen Auge nicht sichtbar. Um Milben nachzuweisen, muß der Tierarzt etwas Haut abschaben und unter dem Mikroskop untersuchen.

Die Biologie kennt nahezu tausend verschiedene Milbenarten, aber nur einige von ihnen bereiten Hunden Probleme, die tierärztlich behandelt werden müssen.

RAUBMILBEN ▸ Diese Spezies ruft keine wirklichen Veränderungen an Haut und Behaarung hervor, sondern nur eine auffallende Schuppenbildung. Manche Menschen, die Kontakt mit einem infizierten Hund haben, bekommen meist am Bauch heftigen Juckreiz. Dann kommt man nicht umhin, eine regelmäßige Therapie mit einem Bekämpfungsmittel durchzuführen. Danach wird auch der Betroffene ohne Behandlung wieder beschwerdefrei.

RÄUDE ▸ Heftiger Juckreiz begleitet den Befall durch die Grasmilbe. Zunächst sieht man nur Blutpünktchen. Später rauht die Haut durch ständiges Kratzen und Beißen auf, deutlich sichtbar am Bauch. Auch diese Milben gehen auf den Menschen über und rufen die gleichen Beschwerden hervor. Man sollte also die Räude nicht auf die leichte Schulter nehmen.

Die Behandlung bezieht sowohl Hund wie Mensch und ihre Umgebung mit ein. Für beide ist die Beratung des Tierarztes wie des Hausarztes erforderlich. Räude tritt selten auf, ist aber bei sorgfältiger Behandlung schnell beseitigt.

DEMODIKOSE ▸ In den allermeisten Fällen liegt kein Juckreiz vor. Demodikose äußert sich vielmehr durch Haarausfall. Die typischen Stellen, an denen die reizlosen kahlen Stellen auftreten, sind der Augenbereich, die Wangen, Hals und die Innenseite der Vorderpfoten. Die Kahlheit kann sich anschließend über den ganzen Körper ausbreiten. Nur bei sehr ausgedehnter Demodikose mit dazukommender bakterieller Infektion von Haut und Lymphdrüsen kann es zu Juckreiz kommen.

Die Demodex-Milbe lebt vorwiegend in den Haarfollikeln und den Schweiß- und Talgdrüsen, und zwar aller Hunde. Die Krankheit bricht meist im Alter von unter zwei Jahren auf. Die Demodex-Milbe ist nicht der eigentliche Verursacher der Krankheit. Eine Immunschwäche des Tieres bietet dem Parasiten die Angriffsfläche für ihre verheerende Tätigkeit. Demodikose ist daher auch nicht ansteckend. Da die Milbe nicht selbst die Hautbeschwerden hervorruft, sind die regulären Behandlungsmethoden, die sich auf eine Vergiftung der Parasiten beschränken, praktisch aussichtslos. Folglich sind langwierige und vor allen Dingen ganzheitliche Therapien notwendig.

Da man von einer möglichen genetischen Veranlagung ausgeht, sollte mit einem an Demodikose erkrankten Hund nicht gezüchtet werden, auch wenn er wieder beschwerdefrei sein sollte.

OHRMILBE, OHRRÄUDE ▸ Schmarotzer im äußeren Gehörgang verursachen den sogenannten »Ohrzwang«. Juckreiz, heftiges Aufkommen an rostbraunem Ohrschmalz und Verkrustungen, angeschwollene und entzündete Haut sind typische Zeichen. Sofort den Tierarzt aufsuchen!

▸ Endoparasiten

Vertreter dieser Schmarotzergruppe sind verschiedene Wurmarten (Endoparasiten = innere Parasiten). Sie leben im Darm infizierter Tiere und werden mit dem Kot ausgeschieden. Lassen Sie deshalb Ihren Hund nicht an Exkrementen gleich welcher Herkunft schnuppern.

Bei Mäusen und Ratten kann man immer davon ausgehen, daß sie Würmer tragen. Bullterrier sind exzellente Mäuse- und Rattenfänger. Erwischt Ihr Bullterrier einen dieser Nager, so müssen Sie fast immer mit einer Ansteckung rechnen und sollten sofort eine Wurmkur durchführen.

Würmer sind besonders für Welpen und Junghunde schädlich. Zum einen, weil sie dem heranwachsenden Organismus wichtige Nährstoffe und Blut entziehen und zum anderen, weil sie ihn mit ihren giftigen Ausscheidungen belasten. Neben dem Nachweis im Kot ist Abmagerung ein anderes deutliches Zeichen, obwohl der Hund vielleicht gut frißt. Afterjucken, gegen das der Hund mit Schlittenfahren reagiert, ist ein weiteres Merkmal. Zudem muß man bedenken, daß Würmer auch auf

Menschen übergehen und schwere Schäden verursachen können. Gerade dieser Sachverhalt sollte Sie davon überzeugen, vorbeugend viertel- oder halbjährliche Wurmkuren durchzuführen.

Werfen Sie immer einmal einen Blick auf den Kot Ihres Hundes. Entwurmungsmittel bieten nämlich keinen dauerhaften Schutz. Schon Tage nach einer Wurmkur kann sich der Hund erneut infizieren.

Wurmkur

Achten Sie beim Kauf eines Wurmpräparates darauf, daß es gegen alle relevanten Wurmarten wirkt. Halten Sie die angegebene Dosierung ein.

SPUL- UND HAKENWÜRMER ▸ Ganz gleich, ob die Mutterhündin während der Tragezeit entwurmt wurde oder nicht, es muß immer mit einem Befall der Welpen gerechnet werden. Die Larven von Würmern vermögen sich nämlich einzunisten und Entwurmungen zu überleben. Durch die Schwangerschaft ausgelöst, begeben sie sich auf Wanderschaft, bei der sie in die Milchdrüsen gelangen und mit der Muttermilch auf die Welpen übertragen werden.

Auch wenn der Züchter die Welpen sorgfältig entwurmt, sollten Sie doch vorsichtig bei Ihren Besuchen sein. Vermeiden Sie, daß die Welpen Sie ablecken, und waschen Sie sich anschließend die Hände.

BANDWÜRMER ▸ Sie gehören zu den Plattwürmern und bestehen aus Kopf und Gliedern, die sich in bestimmten Abständen ablösen. Der Hund scheidet sie mit der Darmentleerung aus. Man kann die Glieder sehr gut im Kothaufen erkennen. Sie sehen aus wie große Reiskörner, manchmal bewegen sie sich noch.

Mit dem Kot scheidet der Bandwurmträger auch die Eier aus, die von bestimmten Zwischenwirten aufgenommen werden, in denen sich in unterschiedlichen Organen die sogenannte Finne entwickelt. Durch Verzehren der Finne entsteht im Darm des Endwirtes der Bandwurm.

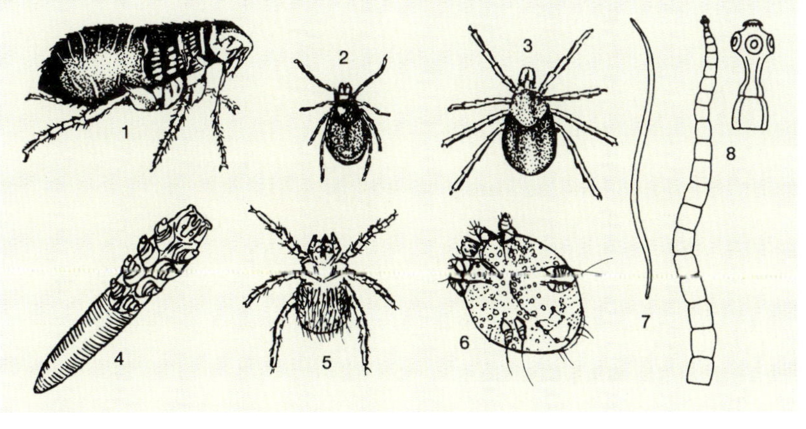

Ektoparasiten:
1 Hundefloh
2 Zeckenmännchen
3 Zeckenweibchen
4 Haarbalgmilbe
5 Herbstgrasmilbe
6 Grabmilbe

Endoparasiten:
7 Spulwurm
8 Bandwurm, Kopf im Detail

FUCHSBANDWURM ► Im allgemeinen stellen Bandwürmer kein besonderes Behandlungsproblem dar, mit einer Ausnahme: dem Fuchsbandwurm. Deshalb soll an dieser Stelle ausdrücklich auf diesen Parasiten hingewiesen werden, der für den Hund ungefährlich, aber für den Menschen lebensbedrohlich ist.

Wie der Name sagt, geht dieser Bandwurm vom Fuchs als Endwirt aus. Wenn der Kot des Fuchses eintrocknet und zerfällt, trägt der Wind die Eier des Fuchsbandwurms in alle Himmelsrichtungen. Durchstöbert ein Hund Wiesen und Sträucher, besteht die Gefahr, daß er an den Pflanzen hängende Eier mit seinem Fell abstreift. Geraten diese nun an Menschenhände – z.B. beim Streicheln – und dann in den Mund, findet mit Sicherheit eine Infektion statt. Der Mensch fungiert als Zwischenwirt. Die Finne läßt sich in der Leber nieder und beginnt ihr Zerstörungswerk, gegen das die Medizin noch keine befriedigende Lösung hat.

► Infektionskrankheiten

Unter einer Infektion (Ansteckung) versteht die Medizin das Eindringen von Krankheitserregern wie Bakterien, Viren, Pilzen und Würmern in einen Organismus, in dem sie sich vermehren und zu einer Erkrankung (Infekt) führen können. Möglichkeiten der Infektion sind:

- Direkte Infektion von infizierten Lebewesen zu nicht infizierten Lebewesen durch Berührung oder durch Einatmen ausgehusteter Keime (Tröpfcheninfektion).
- Indirekte Infektion durch Kontakt mit verseuchtem Material, z.B. Kot, Wasser, Nahrungsmitteln.
- Infektion durch Überträger, z.B. Insekten.
- Infektion durch Zwischenwirte, z.B. bei Tollwut.
- Angeborene Infektion, z.B. Verwurmung der Embryonen über die Gebärmutterschleimhaut.

Nicht jede Infektion führt zwangsläufig zu einer Erkrankung. Dringen nur sehr wenige Erreger oder solche in abgeschwächter Form ein, besitzt der Körper eine Abwehrmöglichkeit. Auf dieser Fähigkeit beruht die Schutzimpfung.

Bei der Schutzimpfung, auch Immunisierung genannt, wird der Impfstoff, das Antigen, in einen Muskel gespritzt. Nach einer gewissen Zeit hat das körperliche Abwehrsystem (Immunsystem) gegen diesen Impfstoff, den es als Eindringling identifiziert hat, Antikörper gebildet, die über Blutgefäße im gesamten Körper verteilt werden. Wenn nun zu einem anderen Zeitpunkt wieder Erreger derselben Art einzudringen versuchen und sich zu vermehren beginnen, stehen Antikörper zur Abwehr bereit. Es kommt dann zu keinem Ausbruch der Krankheit.

Impfschutz

Immunisierungen halten nur begrenzte Zeit, so daß es nötig ist, in bestimmten zeitlichen Abständen eine Auffrischungsimpfung vorzunehmen.

Gefährliche Infektionskrankheiten

Krankheit	*Übertragung*	*Symptome*	*Behandlung*
Staupe	Erreger: Virus. Indirekte Kontaktinfektion mit verseuchten Ausscheidungen von Heim- und Wildtieren	Blutiger Durchfall, Appetitlosigkeit, Fieber bis zu 42 °C, schleimiger Ausfluß aus Nase und Augen, leichter Husten. Wenn die Tiere diese Symptome überleben: Krämpfe, Lähmungen, Verhärtung der Fußballen	Antivirale Therapie nicht möglich. Die Behandlung richtet sich nach Stadium und Symptom.
Hepatitis Contagiosa Canis (HCC)	Erreger: Virus. Tröpfcheninfektion oder indirekte Infektion mit Wasser oder Futter	Apathie, Appetitlosigkeit, Erbrechen, Durchfall, starker Durst, Schmerzen im Vorderbauch, Fieber, Mandelentzündung, erhöhte Leberwerte	Unterstützung des Kreislaufs, Lebertherapie
Leptospirose (Stuttgarter Hundeseuche)	Erreger: Bakterien. Indirekte Kontaktinfektion mit verseuchtem Urin von Heim- und Wildtieren	Erbrechen, Appetitlosigkeit, Mattigkeit, steifer Rücken, Austrocknung, Fieber, Gelbsucht, Gallenfarbstoff in Urin und Kot	Antibiotika
Parvovirose	Erreger: Virus. Indirekte Kontaktinfektion mit verseuchten Ausscheidungen von Heim- und Wildtieren	Depressives Befinden, Erbrechen, wäßriger, gelborangener Durchfall,fauliger Geruch, Austrocknung, Bläschen im Maul	Medikamente, Flüssigkeits- und Elektrolytersatz
Tollwut	Erreger: Virus. Direkte (Biß) und indirekte Infektion (Ausscheidungen)	Wesensveränderung, Unruhe, Aggressivität, Schaum vorm Maul	Keine Therapie möglich
Zwingerhusten	Erreger: verschiedene Viren- und Bakterienarten. Tröpfcheninfektion	Zunächst trockener, dann feuchter Husten, möglicherweise folgt Lungenentzündung	Hustenmittel

Ein gesunder Bullterrier ist voller Aufmerksamkeit und Energie.

Impfungen

Man darf Infektionskrankheiten nicht auf die leichte Schulter nehmen. Untersuchungen ergaben, daß bei ca. 30 % aller verendeter Welpen eine Bakterien- oder Virus-Infektion die Ursache war. Konsequente Impfung ist tatsächlich die einzig wirksame Methode, Hunde gegen eine Ansteckung zu schützen. Daß immer wieder Endemien (Epidemien in kleineren begrenzten Gebieten) auftreten, ist auf die Nachlässigkeit bei Impfmaßnahmen zurückzuführen.

Einen kritischen Zeitpunkt für das Immunsystem bildet das Welpenalter. Der Hauptgrund sind mütterliche Antikörper, die einen wirksamen Impfschutz verhindern. Diese werden vom Welpen bis zu 20 % über die Plazenta und bis zu 80 % über den Darm aus dem Kolostrum (Erstmilch) resorbiert, vor allem während des ersten Lebenstages. Haben Welpen diese passiv übertragenen Antikörper, so lassen sie sich nicht mehr aktiv immunisieren. Werden sie dennoch geimpft, dann bilden sie selbst keine Antikörper. Die mütterliche Antikörper-Konzentration nimmt jedoch beim Welpen ab. Eine Impfung wird deshalb erst wirksam, wenn die Welpen die passiv erworbene Immunität größtenteils verloren haben. Dieser Zeitpunkt ist allerdings nicht genau vorhersehbar. Die kritische Schwelle liegt zwischen der 8. und 12. Woche, sie kann sich aber auch bis zur 18. Woche erstrecken. Man empfiehlt daher zwischen der 6. und 18. Lebenswoche Wiederholungsimpfungen in zwei- bis dreiwöchigen Abständen, in der Hoffnung, daß wenigstens eine dieser Impfungen zum Erfolg führt. Gegen Tollwut wird erstmalig ab der 12. Woche geimpft.

Sogenannte Kombinationsimpfun-

gen, das sind gleichzeitige Impfungen gegen mehrere Viren- oder Bakterienstämme, sind unbedenklich. Die Auffassung, daß das Immunsystem des Hundes sich nicht gleichzeitig mit mehr als einem Virus auseinandersetzen könne, ist falsch. Jeder Organismus wird tagtäglich mit verschiedenen Antigenen belastet und kann unabhängig auf jedes einzelne reagieren.

Bei allen Impfschutz-Möglichkeiten, die wir haben, sollte man doch auf strengste Hygiene achten. Ist trotzdem einmal eine Infektionskrankheit aufgetreten, so ist es unmöglich, die verseuchte Umgebung eines Hundes, wie z.B. Wohnung und Auslauf, vollständig zu desinfizieren. Außerdem sind Viren und Bakterien teilweise äußerst resistent. Fragen Sie Ihren Tierarzt nach entsprechenden Desinfektionsmitteln. Kranke Tiere müssen unbedingt abgesondert werden, denn der direkte Kontakt zwischen Hunden und der Kontakt mit Ausscheidungen spielt die größte Rolle unter den Ansteckungsquellen. Infizierte Stellen sollten auf lange Zeit als verseucht betrachtet werden. Erst wenn die Welpen ordnungsgemäß geimpft sind, dürfen sie wieder an diese Orte gelassen werden.

IMPFKOMPLIKATIONEN ▶ Manchmal treten an den Impfstellen regelrechte Beulen auf. Das sollte Sie nicht weiter beängstigen. Es kann aber auch zu Abszessen, allergischen Reaktionen wie Haarausfall oder zu Fieber kommen. Versuchen Sie den Hund in den ersten Tagen nach der Impfung nicht zuviel zu bewegen, damit der Körper nicht geschwächt wird.

Einfluß auf die Impfwirkung hat auch eine schon bestehende Erkrankung oder Verwurmung. In beiden Fällen ist der Organismus stark beansprucht, weshalb eine Antigenbildung ausbleiben kann.

Man darf auch nicht außer acht lassen, daß sich die Bakterien- oder Virenstämme verändern können oder neue hinzukommen. Nach der Öffnung des Ostens sind hier bei uns bis dahin unbekannte Parvovirosevarianten aufgetaucht. Glücklicherweise hatte die tiermedizinische Forschung sofort entsprechende Gegenmaßnahmen bereit.

▶ Heilmethoden

Grundsätzlich sollten Sie die Beurteilung und Behandlung einer Krankheit oder Verletzung Ihres Hundes Tierärzten überlassen. Selbstverständlich brauchen Sie nicht bei jedem Kratzer sofort die Praxis aufzusuchen.

Bewährte Hausmittel, die man aus der Anwendung beim Menschen kennt, helfen ebenso bei Hunden: Wund- und Heilsalbe, Wunddesinfektionsmittel, Salben und Essenzen gegen Verstauchungen und Prellungen können auch beim Hund eingesetzt werden. Der Frage, welches Medikament anzuwenden ist, geht genaugenommen die Frage voraus, nach welcher Methode behandelt wird. Man unterscheidet im Grunde zwei Heilverfahren: Allopathie und Homöopathie.

ALLOPATHIE ▸ Die Ausbildung der Tierärzte ist hinsichtlich Diagnose und Therapie auf Allopathie ausgerichtet. Damit ist das Heilverfahren gemeint, das Krankheiten mit entgegengesetzt wirkenden Mitteln zu behandeln sucht. Hat beispielsweise Ihr Hund Fieber, so wird er nach dem allopathischen Prinzip mit einem fiebersenkenden Mittel behandelt. Allopathische Mittel gibt es sowohl aus industriell-chemischer wie auch aus natürlich-pflanzlicher Herstellung. Die meisten unserer Hausmittel sind auf natürlicher, pflanzlicher Basis aufgebaut. Es handelt sich dabei um Naturheilmittel mit allopathischer Wirkung.

HOMÖOPATHIE ▸ Zunehmend mehr Tierärzte bieten heute neben der allopathischen Methode bestimmte Naturheilverfahren, insbesondere Homöopathie an. Sie ist eine Methode, bei der der kranke Hund mit solchen Mitteln in hoher Verdünnung behandelt wird, die in größerer Menge bei Gesunden ähnliche Krankheitserscheinungen hervorrufen würden. Der Leitspruch der Homöopathie lautet: Ähnliches wird durch Ähnliches geheilt. Bei einer homöopathischen Therapie bekommt ein fiebernder Hund ein Mittel, das für sich in der Lage ist, bei einem gesunden Hund ähnliche Fiebersymptome

TIP

Hunde wehren sich meist gegen Verbände und möchten sie loswerden. Suchen Sie nach einem Geruch, den Ihr Hund absolut meidet, und bringen Sie diesen auf den Verband auf. Ich verwende z.B. eine Salbe, deren Geruch in Nase und Auge unangenehm sticht.

Erste-Hilfe-Tasche Grundausstattung

- ☐ Taschenlampe
- ☐ Schere
- ☐ Pinzette
- ☐ Fieberthermometer
- ☐ Verschiedene Binden (Mullbinde, elastische Binde usw.)
- ☐ Sterile Wundkompressen
- ☐ Klebeband
- ☐ Wasserstoffsuperoxyd zur Wundreinigung
- ☐ Wundsalbe
- ☐ Decke
- ☐ Borwasser für Augenspülungen
- ☐ Weicher, verstellbarer Maulkorb

zu erzeugen, wie wir sie bei dem kranken Tier beobachten.

Man bezeichnet die Homöopathie auch als eine ganzheitliche Methode, weil nicht nur die Symptome der Erkrankung in Betracht gezogen werden, sondern durch Ursachenforschung auch mögliche psychische Hintergründe offengelegt werden. Beim Menschen geschieht dies über eine umfassende Befragung des Patienten. Beim Hund kann der Veterinär der subjektiven physischen und psychischen Verfassung nur durch genaue Befragung des Tierhalters und dessen Beobachtungen auf die Spur kommen.

Im Zusammenhang mit der homöopathischen Vorgehensweise wird vielfach auch die Bach-Blüten-Therapie eingesetzt. Deren Ziel ist es, negative Gefühlszustände abzubauen, die mitverantwortlich gemacht werden für ein schlecht funktionierendes Immunsystem. Es geht also nicht um die Indikation für organische Erkrankungen, sondern um die Stabilisierung der Abwehrkräfte durch die Unterstützung der seelischen Aspekte.

Erste Hilfe

Unfälle sind Zufälle – man rechnet nicht damit. Bei Mensch und Tier sollte man allerdings auf bestimmte Notsituationen bei Verletzungen oder Erkrankungen vorbereitet sein, um helfen zu können. Aus dem Begriff Erste Hilfe läßt sich schließen, daß es nur eine Vorabmaßnahme ist und daß fachliche Hilfe folgen muß. Da man sich nicht heraussuchen kann, wo und wann sich diese Notsituation einstellt, ist es ratsam, auf jeden Fall immer Anschrift und Telefonnummer seines Tierarztes griffbereit zu haben. Auch über Notdienste an Wo-

Vorsicht!

Verletzte Hunde wehren sich häufig durch Beißen, insbesondere wenn ihnen jede Bewegung Schmerzen bereitet, wie es zum Beispiel bei Knochenbrüchen der Fall ist. Nähern Sie sich einem verletzten Tier immer vorsichtig und langsam. Wirken Sie mit ruhiger Stimme auf den Hund ein. Versuchen Sie ihn anzuleinen.

Sicherheitsvorkehrungen

1	Offene Treppen und Balkon durch Gitter oder Maschendraht absichern
2	Grundstück mit dichtem Zaun (ca. 1,20 m hoch und Betonsockel) einzäunen
3	Teich/Swimmingpool einzäunen oder abdecken
4	Giftige und stachelige Pflanzen entfernen
5	Stecker aus der Steckdose ziehen und Kabel unerreichbar machen
6	Keine kleinen Spielsachen/Kleinteile herumliegen lassen
7	Welpen von Kinderzimmern fernhalten
8	Reinigungsmittel/Chemikalien unerreichbar aufbewahren
9	Vorsicht bei selbst schließenden Türen: Einklemmgefahr

Bei diesen Symptomen zum Tierarzt

- Anhaltender Durchfall
- Anhaltendes Erbrechen
- Erfolgloses Würgen mit starkem Speichelfluß
- Fieber über 39 °C
- Krampfzustände
- Blut im Stuhl und Urin
- In kurzen Abständen Drang zum Wasserlassen (nicht zu verwechseln mit häufigem Markieren)
- Kreislaufprobleme (Schwächeerscheinungen, blutleere Lefzen, blaue Zunge, Ohnmacht)
- Bewegungsstörungen, Schaum vor dem Maul, Zittern
- Stark anschwellende Insektenstiche, Hecheln, Weigerung aufzustehen
- Stark blutende Verletzungen
- Knochenbrüche und Verdacht darauf
- Aufgetriebener Bauch
- Fremdkörper in Maul, Rachen, Verdauungstrakt oder Ohr
- Ausfluß aus Körperöffnungen und Geschlechtsorganen
- Häufiges Kratzen am Ohr, Schütteln oder Schiefhalten des Kopfes, seitliches Wegstellen des Ohrs
- Verdacht auf Vergiftungen (Erbrechen, Durchfall, Muskelkrämpfe, Zittern, Atemnot, starkes Speicheln, blutige Maulschleimhaut)
- Knoten oder Geschwulst
- Jegliche andere Veränderungen, die Ihnen Sorge bereiten

chenenden und Feiertagen sollte man sich schnell informieren können. Rufen Sie bei einem Notfall sofort Ihren Tierarzt an und teilen ihm Ihr Kommen mit, so daß er die entsprechenden Maßnahmen vorbereiten kann.

Damit die Erste Hilfe erfolgreich verläuft, bedarf es gewisser Hilfsmittel. Wertvolle Dienste leistet eine entsprechend ausgestattete Erste-Hilfe-Tasche. Sie sollte immer auf längeren Spaziergängen und Wanderungen mitgeführt oder im Auto verstaut werden.

Im folgenden werden einige wichtige Erste-Hilfe-Maßnahmen dargestellt, mit denen Sie sich vertraut machen sollten.

ÄUSSERE VERLETZUNGEN ▸ Bei kleineren Verletzungen der Haut empfiehlt es sich, die Haare in der Umgebung der Wunde zu scheren und den gesamten Bereich zu desinfizieren. Vorsicht jedoch bei Bißverletzungen! Sie sind meist tiefer, als man denkt, und man muß immer von einer Wundinfektion ausgehen. Stärkere Blutungen werden zusätzlich mit einem sterilen Verband versorgt. Ist die Blutung zu stark, so daß sie nicht mehr mit einem Verband

Verletzte Pfoten

Die Pfoten des Hundes sind empfindlich. Verletzungen in diesem Bereich sind in der Behandlungsweise unbedingt mit dem Tierarzt abzusprechen. Ist für die Erste Hilfe ein Verband notwendig, so müssen die Räume zwischen den Zehen gut mit Mull gepolstert werden. Ansonsten reiben die Zehen durch den Druck des Verbandes aneinander, was sehr schmerzhaft ist.

Unfällen vorbeugen

- [ ] Sicherung im Auto durch spezielle Gurte auf dem Rücksitz, im Käfig bzw. in einer Transport-Box oder – bei einem Kombi – im Laderaum, der durch ein Gitter abgetrennt wird.
- [ ] Spitze Gegenstände wie z.B. abgebrochene Pfähle, Stangen, Eisenteile vom Grundstück entfernen.
- [ ] Ein unbeaufsichtigter Moment, eine Katze auf der anderen Straßenseite, schon ist Ihr frei laufender Bullterrier hinterher – und wird vielleicht überfahren. Deshalb: Im Straßenverkehr grundsätzlich anleinen.
- [ ] Gartenteich mit steilem Ufer oder Swimmingpool umzäunen. Ertrinkungsgefahr!
- [ ] Grundstück mit Zaun umfrieden. Türen zur Straße ausbruchsicher machen. Bullterrier erfinden viele Tricks, um eine Tür zu öffnen.
- [ ] Wenn Sie Ochsenziemer oder Kauknochen geben, nur in Ihrer Gegenwart kauen und fressen lassen. Bullterrier sind Schlinger und versuchen manchmal zu große Stücke zu schlucken. Erstickungsgefahr!
- [ ] Keine angeschlossenen Elektrokabel offen auslegen. Ihr Bullterrier könnte darauf herumkauen. Stromschlaggefahr!
- [ ] Keine Chemikalien (z.B. Dünger, Pflanzen-, Schnecken-, Rattengift) offen herumliegen lassen. Vergiftungsgefahr!

gestillt werden kann, hilft nur noch ein Stauverband. Er sollte jedoch nur so fest angelegt werden, daß die Blutung steht, damit nicht Blutgefäße, Gewebe und Sehnen gequetscht werden.

Verletzungen am Auge oder im Ohr müssen Sie grundsätzlich dem Tierarzt überlassen. Die Wunde also auf keinen Fall desinfizieren oder verbinden. Verhindern Sie lediglich, daß der Hund sich kratzt.

Dornen oder Glassplitter werden mit der Pinzette herausgezogen. Größere Fremdkörper beläßt man und behandelt vorsichtig nur die Blutung. Der Tierarzt kann durch die Lage des Fremdkörpers die Verletzung besser beurteilen. Bewegen Sie das Tier so wenig wie möglich beim Transport, damit nicht noch weitere Verletzungen entstehen und Schmerzen verursacht werden.

Schmerzhaft sind auch teilweise abgerissene oder abgebrochene Krallen. Überwinden Sie sich: Fassen Sie mit einer Zange den lockeren Nagel und entfernen ihn mit einem kräftigen Ruck. Anschließend die Wunde versorgen.

STUMPFE VERLETZUNGEN ▸ Prellungen, Blutergüsse, Verstauchungen oder Verrenkungen erkennt man daran, daß der Hund Schmerzen hat, wenn man die Stellen berührt. Bei diesen Verletzungsarten ist schwierig einzuschätzen, wie stark die Schädigung ist. Manchmal sind Muskeln und Nerven in der Tiefe mit betroffen, oder es liegt gar ein versteckter Knochenbruch vor. Suchen Sie daher schnellstens den Tierarzt auf.

Von einem ausgerenkten Gelenk kann man ausgehen, wenn die Gelenke abnorme Stellungen aufweisen und der entsprechende Körperteil hochgradig bewegungsunfähig ist. Bei einem ausgerenkten Kiefer wird der Hund den Fang nicht mehr schließen können.

Als Erste-Hilfe-Maßnahmen bei stumpfen Verletzungen empfehlen sich: ruhige bequeme Lagerung, Kühlung mit Eisbeutel oder feuchtkalten Umschlägen (z.B. mit Arnika-Essenz getränkt), Behandlung beim Tierarzt.

Bei Knochenbrüchen, auch wenn sie nur vermutet werden können, wie bei Schädel-, Rippen- oder Wirbelverletzungen, muß sofort der Tierarzt aufgesucht werden. Versuchen Sie den Hund beim Transport ruhig zu halten!

Hunde, die aufgrund einer stumpfen Verletzung nicht selbständig laufen können, müssen getragen werden. Dies ist sehr schwierig, weil jede Bewegung heftigste Schmerzen bereitet. Sie jaulen und wehren sich, was den Zustand verschlimmert. Wenn möglich, legt man das Tier auf ein Brett und transportiert es auf diese Weise. Ansonsten wird es so getragen, daß die verletzte Stelle dem Träger abgewandt ist.

Verdächtige Schocksymptome

- [ ] Der Hund wirkt abwesend und schwach.
- [ ] Er zittert.
- [ ] Ohren, Pfoten und Schwanzspitze fühlen sich kalt an.
- [ ] Belefzung und Nasenrücken sind blaß, fast weiß.
- [ ] Herzrasen (der Puls erhöht sich auf 150 bis 200 Schläge pro Minute).
- [ ] Stuhl und Harn gehen unwillkürlich ab.

SCHOCK ▸ Als Kreislaufschock wird der Zustand bezeichnet, der als Folge einer unzureichenden Durchblutung der Kreislaufperipherie einen akuten Sauerstoffmangel bewirkt. Auslösende Ursachen sind:

- Verletzungen mit großen Blutverlusten,
- Operationen,
- Großflächige Verbrennungen,
- Vergiftungen,
- extreme psychische Belastungen.

Ein Schock kann Ihrem Hund das Leben kosten. Deshalb hat die Schockbehandlung Vorrang vor allen anderen Verletzungen.

Was ist zu tun:

- Hund auf die Seite legen, leicht schräg, mit dem Kopf nach unten.
- Kopf strecken, Zunge seitwärts herauslegen, für gute Atmung sorgen.
- Wärmflasche, ca. 50 °C warm, an den Bauch anlegen.
- Blutungen stillen.
- Hund in Decke warm halten.
- Schnellstmöglich zum Tierarzt.

KREISLAUFPROBLEME ▸ Die häufigsten Ursachen von Kreislaufproblemen beim Hund sind Folgen einer Überhitzung. Außentemperaturen bis 28 °C kann der Hund durch Hecheln ausgleichen. Bei allem, was darüber liegt, muß er sich zusätzliche Kühlung verschaffen: Er sucht Wasser auf oder kühle Böden zum Hinlegen. Hat er dazu keine Möglichkeit, steigt die Temperatur an. Ab 40 °C kann der Kreislauf zusammenbrechen, ab 43 °C beginnt das Eiweiß im Körper zu gerinnen. Schwere Gehirn-, Leber- und Nierenfunktionsstörungen und -schäden treten ein. Es besteht Lebensgefahr.

TIP

Wenn Sie im Sommer Ihren Hund im Auto mitnehmen, sollten Sie immer einen Kanister mit frischem Wasser und eine Wasserschüssel dabeihaben. Falls Sie das Auto ohne Hund verlassen, stellen Sie ihm ausreichend Wasser hin. Auch gibt es spezielle Gitter, die in die leicht geöffneten Seitenscheiben geklemmt werden und so für Frischluft sorgen und dennoch das Auto sichern. Parken Sie immer im Schatten, und bleiben Sie nicht länger als 10 Minuten weg. Am besten aber nehmen Sie Ihren Hund mit.

Alljährlich sterben im Sommer viele Hunde in Autos an Überhitzung, weil ihre Besitzer nicht für ausreichende Kühlung sorgen. Man darf nicht unterschätzen, wie schnell sich ein in der Sonne stehendes Auto aufheizt. Eine vermeintlich schnelle Besorgung, die vielleicht nur wenige Minuten dauert und bei der man den Hund im Auto zurückläßt, kann zur tödlichen Falle werden.

Tritt bei Ihrem Hund eine Überhitzung ein, handeln Sie sofort. Bringen Sie den Hund an einen kühlen Ort. Spritzen Sie ihn mit kaltem Wasser ca. eine halbe Stunde von allen Seiten ab. Wasser zum Trinken anbieten, aber niemals einem bewußtlosen Tier Wasser einflösen. Sofort einen Tierarzt holen oder hinfahren, möglichst mit Eisbeutel auf Kopf und Nacken des Hundes.

▸ Der alte Bullterrier

Auf die Frage, wie alt ein Bullterrier wird, kann man nur mit dem statistischen Mittelwert von 12 Jahren ant-

Ältere Bullterrier lieben es gemütlich.

worten. Manche Hunde erreichen ihr 16. Lebensjahr, andere nicht einmal das sechste.

Der Vergleich, ein Hundejahr entspreche sieben Menschenjahren, ist ein volkstümlicher Irrglaube. Will man tatsächlich der besseren Veranschaulichung wegen eine Parallele zwischen Hund und Mensch ziehen, wäre es treffender, eine Beziehung hinsichtlich Entwicklungsstufen und Leistungsfähigkeit herzustellen. Demnach entsprächen in etwa

- Kindheit und Pubertät
  Hund: 1. Lebensjahr
  Mensch: 15. Lebensjahr
- Übergang zum Erwachsenenalter
  Hund: 2. Lebensjahr
  Mensch: 20. Lebensjahr
- Erwachsensein
  Hund: jedes weitere Lebensjahr
  Mensch: 5 Lebensjahrzehnte

Mit dem achten Lebensjahr beginnt ein Bullterrier alt zu werden. Bei farbigen Tieren deutlich sichtbar, ergrauen allmählich die Haare auf dem Nasenrücken. Vergleichbar einem alten Menschen, beginnt auch den Hund dieses und jenes Zipperlein zu plagen. Man kann es als Abnutzungserscheinung bezeichnen: Sehkraft und Hörvermögen lassen nach, die Gelenke nutzen sich ab, die Sehnen und Bänder werden lockerer, die Zähne bilden Zahnstein oder zerfallen. Schlechter Atem muß aber nicht von schlechten Zähnen kommen. Bei Nierenfunktionsstörungen riecht der Hund faulig aus dem Maul. Damit muß man im Alter rechnen, denn auch die inneren Organe werden empfindlicher und arbeiten eingeschränkter.

Muten Sie Ihrem alten Hund nicht mehr so viel zu. Verkürzen Sie die Spaziergänge, gönnen Sie ihm längere Pausen. Es empfiehlt sich, jetzt eine leichtverdauliche Kost zu füttern, verteilt auf drei kleinere Mahlzeiten pro Tag. Über eventuelle zusätzliche Vitamin- oder Mineraliengaben lassen Sie sich von Ihrem Tierarzt beraten. Bei dem sollten Sie ohnehin Ihren Bulli nun zwei- bis dreimal im Jahr zu einem Gesundheitscheck vorstellen.

Sie werden merken, daß der treue Freund noch stärker Ihre Nähe sucht. Antworten Sie mit mehr Zuwendung, machen Sie es ihm gemütlich.

Vielfach kann man beobachten, daß alte Hunde geradezu aufblühen, wenn ihnen ein Welpe als neuer Hausgenosse vorgestellt wird. Instinktiv übernehmen sie Erziehungsaufgaben und führen so den Kleinen in das Rudel ein. Vielleicht möchten Sie Ihr Leben nicht mehr ohne Hund verbringen und haben schon an eine Nachfolgerschaft gedacht. Dann wäre es genau das Richtige, einerseits Ihrem betagten Veteranen einen jungen Kameraden zu schenken. Andererseits schaffen Sie damit eine gewisse Kontinuität, falls ...

Denn leider ist allen Lebewesen eingeschrieben, daß wer geboren wird, auch sterben muß. Sobald sich die Gesundheit eines Hundes in starkem Maße verschlechtert, sollte man ihn vor Leid und Siechtum bewahren. So sehr es auch in der Seele schmerzt, wenn der Tod Erlösung bedeutet, muß die Vernunft über das Gefühl siegen. Machen Sie Ihrem Freund den Abschied leicht, lassen Sie ihn in seiner vertrauten Umgebung sterben. Halten Sie ihn in Ihren Armen, er soll noch einmal das Gefühl von Wärme und Geborgenheit spüren, während die Injektion des Tierarztes ihn sanft einschläfert.

Erziehung leichtgemacht

Erziehung leichtgemacht

Ein wesentliches Merkmal des Zivilisationsprozesses ist, alles Unberechenbare und Zufällige zu beherrschen. Im Zuge dieser Entwicklung wuchs die Sensibilität gegenüber möglichen Bedrohungen und Gefahren. Der Anspruch auf Unversehrtheit ist ein verbürgtes Recht unserer Gesellschaft. Der Hund, Abkömmling des Wolfes, wird besonders in den letzten Jahrzehnten wieder mit größerem Mißtrauen beäugt, wenn es darum geht, Unruhestifter zu finden, die das einträchtige Zusammenleben stören könnten. Andererseits kommen immer weniger Menschen in unmittelbaren Kontakt zum Lebewesen Tier. Dadurch sind ihnen die artgemäßen Lebens- und Verhaltensweisen ihrer Mitgeschöpfe völlig fremd; der Umgang mit einem Hund überfordert sie möglicherweise völlig.

Unfälle mit Beißverletzungen, die schwere oder gar tödliche Verletzungen zur Folge haben, sind zwar verschwindend gering, erregen aber in der Öffentlichkeit höchste Aufmerksamkeit und größte Empörung. Aufgrund der Tatsache, daß da etwas passiert ist, was sich in ähnlicher Weise wiederholen könnte, wächst die Angst. Dieser Sorge müssen heutzutage Züchter und Hundebesitzer Rechnung tragen und besonders umgängliche und leicht erziehbare Hunde züchten.

Erziehungsnotwendigkeit

Wie schreibt die Verhaltensforscherin Dorit Feddersen-Petersen treffend: »Es ist bekannt, daß die Art der Bindung eines Hundes an Menschen sowie das gesamte Sozialverhalten, so beispielsweise das Verhältnis von Verträglichkeit zu Aggressivität, entscheidend abhängig ist von spezifischen sozialen Kontakten in bestimmten Entwicklungsphasen. Jedes individuelle Hundeverhalten liegt damit eindeutig zu einem entscheidenden Anteil in der Verantwortung des dazugehörigen Hundehalters.« (Dorit Feddersen-Petersen: Hunde und ihre Menschen, Stuttgart 1992). Nur ein sozialverträglicher Hund wird noch in der Gesellschaft akzeptiert. Um weitere Spannungen zwischen Hundeliebhabern und Hundegegnern zu vermeiden, sollte daher größter Wert auf die Anpassung an das Zusammenleben mit Menschen in deren Umwelt gelegt werden. Und Anpassung heißt Erziehung.

Daß es bei der Erziehung allerdings nicht allein um die Eingliederung des Hundes in die menschliche Gesellschaft geht, soll das folgende Unglück deutlich machen. Eine Familie ging mit ihrem Bullterrier in der Natur spazieren. Der Hund lief frei, stöberte einen Hasen auf und verfolgte ihn. Das mehrmals gegebene Kommando »Hier!« ignorierte er. Der Hase rannte über die Straße, der Hund hinterher – und wurde von einem Lastwagen überfahren. Der Hund war sofort tot, die Familie unendlich traurig. Es ist falsch, zu sagen, hätte der Hund doch nur besser gehört. Vielmehr hätte er besser erzogen worden sein müssen!

Das Lebensumfeld für einen Hund ist viel zu kompliziert, als daß er sich darin alleine behaupten könnte. Er ist auf die Fürsorge durch den Menschen angewiesen – lebenslang. Erziehung bedeutet deshalb für einen Hund auch Schutz.

▸ Lernverhalten

Das Verhalten des Hundes basiert auf Reflexen, die von Umweltfaktoren ausgelöst werden. Manche sind angeboren, wie z.B. der Speichelfluß bei Futtergeruch. Reflexe können auch erlernt werden. Beispiel: Ein Hund erhält nach einem Gongschlag seine Futterschüssel hingestellt. Bald verknüpft der Hund mit dem Gongschlag seine Mahlzeit, was bei ihm Speichelfluß auslöst. Der Ton ist durch zeitliche Koppelung zu einem Reiz geworden, der eine Reaktion/einen Reflex auslöst. Diesen Prozeß bezeichnet man als Konditionierung.

Übertragen wir die Konditionierung auf den typischen Hundebefehl »Sitz!«: Ein Welpe starrt ein Leckerli an, das seine ihm zugewandte Besitzerin hält. Nach kurzer Zeit ist ihm das ständige Hochschauen zu anstrengend im Nackenbereich, und er wird sich setzen. Dieser natürliche Reflex kann zu einer Lernsituation ausgebaut werden. Wenn die Besitzerin unmittelbar nach dem Hinsetzen das Leckerli gibt und den Vorgang mehrmals wiederholt, dauert es nicht lange und der Welpe setzt sich, sobald seine Besitzerin etwas Eßbares hochhält. Begleitet sie das Hinsetzen noch zusätzlich mit einem besonderen Signal, wie z.B. einem langezogenen »Siiitz!« oder einem gestreckten Zeigefinger, verknüpft das der Hund mit der Leckerligabe, und er

Ein gut erzogener Hund verhält sich ausgeglichen und ist stets ein angenehmer Begleiter.

Ein Leckerli bietet dem Hund einen Anreiz, eine Aufgabe auszuführen.

Das Leckerli gibt man aber erst dann, wenn der Hund das gewünschte Verhalten auch gezeigt hat.

Die einzelnen Übungen sollten nicht länger als fünf Minuten dauern, aber täglich zwei- bis dreimal wiederholt werden.

wird bald auf das Signal allein reagieren.

Einen kleinen Unterschied zu dem oben dargestellten Gongschlag, der vor der Futtergabe erfolgte, gibt es jedoch. Das Leckerli wird erst nach der Reaktion verabreicht. Es handelt sich hier um ein Lernen am Erfolg. Der Hund lernt, daß er etwas tun muß, um einen angenehmen Reiz zu empfangen. Mit anderen Worten: Für ein bestimmtes Verhalten wird er belohnt.

Demnach kann ein Hund aber auch aus Mißerfolgen lernen. Ein Beispiel: Ich ging mit meiner jungen Bullihündin auf der Wiese spazieren. Als sie grasende Schafe sah, stürmte sie zu ihnen hin. Mein Kommando »Hier!« schrie ich, unmittelbar bevor sie in den elektrischen Weidezaun rannte und sich mehrere leichte Stromschläge einhandelte. Seitdem schaut sie in eine andere Richtung, wenn sie Schafe sieht. Und außerdem hat sie gelernt, daß sie dem Kommando »Hier!« gehorchen muß, sonst folgt ein unangenehmer Reiz, vor dem sie sich fürchtet.

Lob und Tadel sind die wesentlichen Instrumente, mit denen wir unsere Hunde erziehen. Ein Hund kann aber auch konditioniertes Verhalten zeigen, das man ihm gar nicht beibringen wollte. Z. B. war der Vorfall am Weidezaun gar nicht beabsichtigt. Hierbei gilt: Gebranntes Kind scheut das Feuer. Ein anderes Beispiel nicht geplanter Konditionierung kann der tägliche Griff zur Hundeleine sein, wenn ein Spaziergang angesagt ist. Ist für den Hund Gassigehen positiv besetzt, beginnt er freudig an die Wohnungstür zu laufen, sobald man die Hundeleine nur anschaut.

Da ein Hund allerdings nicht wie

ein Mensch ein Bewußtsein über sein Tun und Handeln entwickeln kann, sind beabsichtigte, konditionierte Reaktionen meistens Ergebnisse vieler Wiederholungen. Wörtlich könnte man sagen: Ein Hund ist ein Gewohnheitstier. Genauso kann er aber auch eine erworbene Konditionierung wieder ablegen. Deshalb muß man stets weiter üben, auch wenn ein bestimmtes Verhalten bereits klappt.

TIP
Wichtig ist, daß der Hund die zu lernenden Reize deutlich unterscheiden kann, damit es nicht zu Mißverständnissen kommt.

REIZE ALS HILFEN ▶ Für die gesamte Ausbildung ist das Reiz-Reaktions-Schema maßgeblich. Folgende Reizformen stehen uns zur Verfügung:

- der akustische Reiz, z.B. die Lautfolge »S-i-t-z!«;
- der visuelle Reiz, z.B. gestreckter Zeigefinger für »Sitz!«.
- der körperliche Reiz, z.B. Druck auf die Kruppe für »Sitz!«.

Angenommen, ein Hund hört auf den Namen »Fritz«. Dann sollte man den Befehl für Hinsetzen nicht an den akustischen Reiz »Sitz!« koppeln, da der Klang zu ähnlich ist. Der Hund könnte sonst die Signale verwechseln. Z. B. setzt er sich bei »Fritz« oder kommt bei »Sitz!«.

Hunde sind äußerst sensible Wesen. Sie nehmen sehr genau unterschiedliche Stimmungen wahr. Die Art und Weise, wie ein Kommando erfolgt, stellt selbst einen Reiz dar, der eine entsprechende Reaktion nach sich zieht. Ein lasches »Hier!« vermittelt einem Hund unter Umständen, daß der Befehl nicht ernst gemeint ist und er ihn deshalb auch verweigern kann. Bei einem etwas lauteren und harscheren Ton erkennt er sehr wohl, daß er gehorchen muß. Wenn mir mein Bulli nicht folgt, brauche ich nur als zusätzlichen visuellen Reiz energisch die Arme in die Hüfte zu stemmen, und er weiß: »Wenn ich jetzt nicht komme, wird mein Chef sauer.« Und das will er nicht.

TIP
Heranwachsende Hunde, insbesondere Hündinnen, zeigen oftmals kurze Phasen (2–3 Tage) der Unsicherheit, begleitet von Ängstlichkeit. Die Ursachen sind meist hormonelle Veränderungen. Schenken Sie dem keine Beachtung – es sei denn, sie dauern länger. Falls man in einer solchen Situation den Welpen bemitleidet und tröstet, bestärkt man nämlich das Verhalten, und er wird sich künftig nur noch von seiner ängstlichen Seite zeigen.

Sozialisation

Unter Sozialisation soll hier die Entwicklung der Hundepersönlichkeit aufgrund der Wechselbeziehungen zu seiner Umwelt verstanden werden. Hierzu gehören Prägung, Belehrung, Erziehung und Abrichtung. Diese Bereiche können im folgenden nur als Einführung behandelt werden, weil sie in ihrer Thematik zu umfassend sind. Ich empfehle Ihnen daher dringend, sich weiterführende Literatur anzueignen.

PRÄGUNG ▶ Nicht nur direkte Einwirkungen formen das Wesen eines Hundes, sondern auch die Reize, denen er ausgesetzt ist. Wir sprachen bereits in Kapitel 2 von der Bedeutung der Prägephase in den ersten sieben Wochen. Sie ist die wichtigste Lebensphase, die Grundlage für seine generelle Lernfähigkeit. Was der Welpe in dieser Zeit kennengelernt und an Erfahrung gesammelt hat, bleibt in seinem Gedächtnis ein Leben lang gespeichert. Leider sind Defizite nie wieder gutzumachen. Kommt beispielsweise ein Welpe nicht mit Menschen in Kontakt, wird er als erwachsener Hund nie seine Distanz gegenüber den Zweibeinern verlieren.

Selbstverständlich sollte nach diesen sieben Wochen der Erfahrungshorizont so weit wie nur denkbar erweitert werden. Laden Sie Erwachsene und Kinder nach Hause ein. Nutzen Sie jede Gelegenheit, sich mit anderen Hunden zu treffen. Besuchen Sie Welpenspielgruppen. Suchen Sie immer neue Wegführungen für die Spaziergänge aus: Unterholz, Wiese, Gewässer, Stadt. Unternehmen Sie auch einen Besuch auf dem Bahnhof oder dem Wochenmarkt.

Stressen Sie Ihren Kleinen, aber in Maßen: Lassen Sie ihn über schaukelnde Bretter laufen, locken Sie ihn ins Wasser, veranstalten Sie Suchspiele. Sprechen Sie ihm bei diesen Übungen Mut zu. Loben Sie ihn tüchtig, wenn er sie geschafft hat, das stärkt das Selbstbewußtsein. Stellen Sie die volle Futterschüssel in Sicht- und Riechweite hinter einen niedrigen Zaun. Seine Aufgabe soll sein, einen Weg zu dem Napf zu finden. Dabei muß er seinen Verstand gebrauchen. Erfinden Sie weitere spielerische Übungen, die ihn körperlich und geistig fordern.

BELEHRUNG ▶ Die Phase zwischen der 8. Woche und dem 5. Lebensmonat wird zur Belehrung genutzt. Das Lernziel soll sein, daß der Welpe gewisse Umgangsformen annimmt und sich so in sein neues Rudel eingliedert. D.h. Unarten müssen abgelegt werden, z.B. betteln, stehlen, Unrat fressen, Futterneid, Einrichtungsgegenstände annagen, sich in der Wohnung entleeren, an Menschen hochspringen. Der Welpe muß sich auch an bestimmte Dinge gewöhnen, wie an seinen Namen, ans Alleinsein, an die Leinenführigkeit, an das Autofahren, daran, sich zu konzentrieren und auf bestimmte Lautäußerungen (Befehle) wie »Sitz!« oder »Komm!« entsprechend zu reagieren.

Verhaltenstest

1	Lassen Sie sich den Welpen in einen Raum bringen und locken Sie ihn an. Er muß direkt und furchtlos zu Ihnen kommen.
2	Klappern Sie mit einem Schlüsselbund und werfen Sie ihn vor den Welpen. Er darf sich nicht längere Zeit verschreckt zeigen, sondern muß sich aufmerksam und neugierig nähern, auch wenn es etwas dauert.
3	Legen Sie den Welpen auf den Rücken und halten Sie ihn fest. Der Welpe sollte sich nicht wehren, sondern entspannen.
4	Beobachten Sie den Welpen im Spiel mit seinen Wurfgeschwistern. Er darf nicht ängstlich, aber auch nicht besonders rauflustig sein.

▶ Unarten

Die meisten Unarten können nur durch Bestrafung abgewöhnt werden. Erwischt man den Hund direkt bei der Missetat, reicht meist ein energisches »Pfui!«

oder »Nein!« oder ein Klaps auf den Hintern. Was aber tun, wenn er etwas anstellt, das Ihnen erst später auffällt? In einem solchen Falle können Sie gewissermaßen die Situation nachstellen und den Hund in die Falle tappen lassen. Z. B. stellte ich fest, daß mein Hund Essen vom Tisch stahl, sobald er allein im Raum war. Ich legte dann eine Scheibe Brot, getränkt mit Tabasco, auf den Tisch und verließ die Küche. Selbstverständlich konnte er sich nicht zurückhalten, aber die höllische Schärfe des Gewürzes hat ihm das Stehlen für immer ausgetrieben.

Tauschhandel

Andere Unarten kann man versuchen umzulenken. Z. B. nagen Hunde viel lieber Büffelhautknochen als Stuhlbeine. Warum also warten, bis das Mobiliar ruiniert ist?

Leinenführigkeit

Zunächst muß der Welpe an das Halsband gewöhnt werden. Kaufen Sie ein leichtes Nylon- oder Lederhalsband zum Schnallen. Zunächst wehrt er sich dagegen. Versuchen Sie ihn abzulenken, spielen Sie mit ihm. Nach ein paar Tagen hat er das Halsband akzeptiert. Dann haken Sie eine dünne, leichte Leine ein. Die ersten Gehversuche mit der Leine machen Sie bitte nur in einer

Leinenführigkeit

Bei der Leinenführigkeit geht es noch nicht um das Bei-Fuß-Gehen. Man möchte nur den Welpen mit Halsband und Leine vertraut machen.

Durch den Blickkontakt wird die Einheit von Hundeführerin und Hund hergestellt.

dem Hund vertrauten Umgebung. Führen Sie den Welpen an Ihrer linken Seite zwischen sich und einem Zaun oder einer Hausmauer entlang. Dadurch wird verhindert, daß er seitlich wegziehen kann. Locken Sie ihn mit seinem Lieblingsspielzeug, falls er stehenbleibt. Streicheln und loben Sie ihn, wenn er mitläuft. Diese Übung sollte man täglich einige Male wiederholen. Gehen Sie nach wenigen Tagen andere Wege, wobei die Strecken ausgedehnter werden.

DABLEIBEN ▶ Bei diesen Übungen soll der Bullterrier lernen, daß er sich immer in Ihrer Nähe aufzuhalten hat.

Der erhobene Zeigefinger ersetzt das Hörzeichen »Sitz!«.

Eine ausgestreckte Hand bedeutet dem Hund, daß er »Platz!« zu machen hat.

Sie gehen mit dem Welpen über eine große übersichtliche Wiese. Sobald er nicht mitläuft, klopfen Sie auf das linke Bein und rufen ihn bei seinem Namen, verbunden mit »Hier!«. Bleibt er weiter zurück, beschleunigen Sie den Gang und rufen erneut. Kommt er auch dann noch nicht, gehen Sie in die Hocke, machen sich klein und rufen erneut. Wenn der Welpe Ihnen vorauseilt und auf Zurufen nicht zurückkommt, wechseln Sie die Richtung.

Daß Ihr Bulli bei Ihnen zu bleiben hat und Sie deshalb ständig im Auge haben muß, lernt er beim Versteckspiel. Diese Übung gelingt am besten im Wald. Lassen Sie ihn – wo es erlaubt ist – frei im Unterholz herumlaufen. Wenn deutlich wird, daß der Hund ganz in seiner Geländeerkundung aufgeht und Sie gar nicht mehr beachtet, dann entfernen Sie sich etwas und verstecken sich hinter einem Baum. Irgendwann fällt dem Kleinen Ihr Fehlen auf, und er glaubt, allein zu sein. Das Gefühl von Verlassenheit wird ihn zunächst in Panik versetzen. Aber nach anfänglichem Heulen erinnert er sich seiner Riechfähigkeiten und versucht Ihre Fährte aufzunehmen. Hat er Sie gefunden, wird seine Freude riesengroß sein, und er wird sich in Zukunft nicht mehr so weit entfernen. Neben diesem Effekt hat er

Hier wird das Kommando »Platz!« falsch gegeben, da der Hundeführer stets zu stehen hat.

gelernt, seine Nase zu gebrauchen. Damit ist gleichzeitig ein wichtiger Einstieg in die Fährtenarbeit getan, zu der sich Bullterrier hervorragend eignen.

»HIER!« ▸ Es dürfte keine Schwierigkeit bedeuten, einen Welpen zu lehren, das Kommando »Hier!« zu verstehen. Er sucht noch ständig die Nähe zu seinen Bezugspersonen. Nutzen Sie zunächst im Haus jede Gelegenheit, um ihn zu sich zu rufen. Wenn er kommt, loben Sie ihn und geben ihm gelegentlich ein Leckerli.

Wenn er dem Kommando schon sicher folgt, wenden Sie es draußen an. Die Umgebung sollte dem Hund vertraut sein, wie z.B. der Garten, damit er nicht zu sehr abgelenkt wird. Falls er sich ablenken läßt und das »Hier!« ignoriert, gehen Sie einfach weg. Rennt er Ihnen nicht hinterher, sondern zeigt sich widerspenstig, dann legen Sie ihm die Leine an. Nach erteiltem Befehl ziehen Sie ihn sanft an der Leine zu sich her und loben ihn, wenn er bei Ihnen ist.

»PLATZ!«, »BLEIB!« ▸ Auch diese Kommandos sollten zunächst in der vertrauten Wohnung geübt werden. Der Hund muß die »Sitz«-Stellung eingenommen haben. Am besten ist deshalb, man verbindet das Üben mit der »Sitz!«-Lektion. Halten Sie ein Leckerli in der flachen Hand zwischen Daumen und Zeigefinger, und strecken Sie die Hand vor dem Welpen knapp über dem Boden aus. Sprechen Sie ein lang gezogenes »Plaaatz!«. Um das Leckerli zu bekommen, muß der Kleine sich hinlegen. Er wird in dieser Stellung noch

Es sollte jedoch einem Hundehalter auch mal Spaß machen, sich in Augenhöhe seines Hundes zu bewegen (es soll Hunde geben, die dennoch das Kommando ausführen...).

einen Moment sanft hinuntergedrückt und gelobt.

Wenn das Lernziel erreicht ist, baut man darauf das Kommando »Bleib!« auf. Sobald der Hund in der »Platz!«-Stellung verharrt, entfernen Sie sich langsam, rückwärts gehend, sprechen ein ruhiges ausgedehntes »Bleiiiib!« und zeigen ihm Ihre nach unten weisende Handfläche. Zunächst gehen Sie nur ein bis zwei Schritte, während Sie immer wieder den Befehl wiederholen. Man beginnt damit, schon nach wenigen Sekunden zurückzukehren und mit einem tüchtigen Lob den Hund freizugeben. Die Liegeperiode wird jeden Tag etwas ausgedehnter, so daß es bald einige Minuten werden. Gehorcht der Hund nicht, muß er wieder in die Ausgangsstellung gebracht und die Übung wiederholt werden.

»AUS!« ▸ Es liegt in der Natur des Hundes, daß er etwas, das er im Maul hat, nicht freiwillig wieder hergibt. Was immer es ist, er betrachtet es als Beute. Ein guter Trick, um ihm das Kommando »Aus!« beizubringen, erfolgt über ein Beutespiel. Man läßt den Hund an einem Lappen oder Spielstrick zerren. Gleichzeitig mit dem Kommando »Aus!« wird ihm leicht ins Ohr gekniffen. Er wird sofort loslassen. Loben Sie ihn!

ERZIEHUNG ▸ Mit 5 bis 6 Monaten wird der Junghund erwachsen. Kennzeichnend ist dabei sein aufmüpfiges Verhalten: Er testet seine soziale Stellung. Dann ist es Zeit, mit der Erziehung zu beginnen.

Erziehung meint in diesem Zusammenhang das unbedingte Befolgen unserer Kommandos. Körperliche Reize werden dabei die Nachdrücklichkeit der Forderungen verstärken. Es wird jetzt ausschließlich mit einem Zughalsband gearbeitet.

Aus der Belehrungsphase kennt der Welpe schon viele Kommandos, nur ist ihm noch nicht klar, daß nun absoluter Gehorsam gefordert wird.

▸ »Sitz!«, »Fuß!«

Man beginnt mit »Sitz!«. Der Hund wird an die Leine genommen und an die linke Seite gestellt. Auf »Sitz!« hat er sich hinzusetzen. Weigert er sich, drückt man sanft auf seine Kruppe und zieht gleichzeitig mit der Leine den Kopf leicht nach oben. Möchte der Hund sich wieder aufrichten, so muß der Vorgang wiederholt werden. Bleibt er wenige Sekunden sitzen, folgt Lob.

Aus der »Sitz!«-Stellung heraus wird nun Bei-Fuß-Gehen gelernt. Die Leine hat durchzuhängen, wenn Sie sich mit einem deutlichen Schritt des linken Beines und einem gleichzeitigen Kommando »Fuß!« in Bewegung setzen. Weigert sich der Hund mitzukommen, helfen Sie mit einem Ruck nach, wie jetzt auch alle Versuche, von der »Fuß!«-Folge abzuweichen, mit einem Ruck geahndet werden. Läuft der Hund wieder parallel mit Ihnen, seine Schultern auf Kniehöhe, loben Sie ihn.

Sie gehen anfänglich nur geradeaus, bleiben aber in Abständen stehen und fordern »Sitz!«. Der Hund hat in dieser Stellung zu verharren, bis Sie wieder den Weg mit »Fuß!« fortsetzen.

Wird der Hund beim Geradeausgehen unaufmerksam, macht man eine Wendung nach rechts oder links. Nach rechts leitet man mit einem Leinenruck ein, nach links mit einem leichten Stoß des Knies gegen den Hund. Er lernt, daß er stets zu beobachten hat, wohin sein Mensch ihn gerade führen will. Das Training sollte jedoch fünf Minuten nicht übersteigen, um dem Hund den Spaß am Lernen nicht zu verderben.

Auch wenn man mit dem Auto eine Reise macht, ist eine Flugbox der ideale Aufenthaltsort für den Hund.

Ein Absperrgitter hält einen Hund davon ab, den Fahrer während der Fahrt zu behindern.

»Platz!«, »Bleib!«

Auch beim »Platz!«-Kommando drückt man den angeleinten Hund nach unten und hält ihn dort, wenn er nicht gleich folgt. Wiederholen Sie mehrmals langsam den Befehl, und nehmen Sie vorsichtig die Hände weg. Erst dann kommt das Lob.

Wenn der Hund sicher liegt, können Sie die Übung mit dem Befehl »Bleib!« fortsetzen. Entfernen Sie sich etwas, gehen Sie um ihn herum, über ihn hinweg. Verhält er sich ruhig, stellen Sie sich daneben, lassen ihn sitzen und loben ihn.

Hat der Hund das Kommando begriffen, so benutzen Sie zukünftig eine 10-m-Leine, verändern die Entfernung zu ihm und die Dauer der Liegezeit. Erhebt sich der Hund, führen Sie ihn wieder zu seinem Platz und lassen ihn abliegen.

Soweit habe ich die wichtigsten Befehle genannt und deren zweckmäßige Ausbildung beschrieben. Das Spektrum der Hörzeichen kann man noch beliebig erweitern. Wenn Sie daran Interesse haben, empfehle ich Ihnen, sich einem lokalen Hundeverein oder der Gesellschaft der Bullterrier-Freunde anzuschließen, die überregionale Ausbildungslehrgänge anbietet.

Begleithundprüfung und Verhaltensüberprüfung

Das Ausbildungsziel der Begleithundprüfung (BH) des Deutschen Hundesport-Verbandes (DHV) ist der verkehrssichere Begleithund. Die Verhaltensüberprüfung (VÜ) wurde von der Gesellschaft der Bullterrier-Freunde e.V. konzipiert. Sie beinhaltet die Trainings- und Prüfungsanforderungen der BH, richtet diese jedoch stärker auf die Besonderheiten der Bullterrier-Rassen aus. Außerdem beinhaltet sie zusätzlich noch die theoretische und praktische Schulung der Hundebesitzer/-innen, die mit dem Hundeführerschein abschließt. Die Prüfungen wer-

Übungsregeln

- Körperliche Reize werden nur punktuell, z.B. ein Klaps zur Strafe für ein unerwünschtes Verhalten oder zum Erlernen eines erwünschten Verhaltens, eingesetzt. Sobald der Hund das Verhalten zeigt, setzt man den Reiz aus.
- Leckerlis zur Belohnung werden nur nach jedem dritten oder vierten erwünschten Verhalten und nur so lange gegeben, bis das Verhalten stimmt. Dann läßt man sie weg.
- Sofort loben, wenn das erwünschte Verhalten gezeigt wird.
- Die Übungsphasen dreimal täglich nie länger als 5–10 Minuten gestalten.
- Stets Blickkontakt halten.
- Keinen Zwang ausüben, aber auch nie eine Kommandoeinheit abbrechen.
- Ruhe bewahren.

den von DHV-Leistungsrichtern abgenommen.

Auf einer BH oder VÜ werden auf dem Hundeplatz u.a. Leinenführigkeit in einer Gruppe, Freifolge, »Sitz!« aus der Bewegung, Ablegen in Verbindung mit Herankommen sowie Ablegen unter Ablenkung bewertet. Die Prüfung wird anschließend im öffentlichen Verkehrsraum fortgesetzt. Die Hunde müssen gelassen bleiben, wenn hupende Autos vorbeifahren, ein klingelnder Fahrradfahrer und Jogger entgegenkommen oder ein Wanderer plötzlich aus dem Gebüsch kriecht und einen Regenschirm aufspannt. Höhepunkt ist das Abliegen aller Hunde – abgeleint, gleichzeitig und nebeneinander, wobei sich die Hundeführer auf mehrere Meter Distanz zu entfernen haben.

Die Anforderungen von BH oder VÜ sollte heutzutage jeder Hund erfüllen können. Aber es ist nicht nur der Prüfungsabschluß, der die Sache so reizvoll macht. Man trifft viele Gleichgesinnte, mit denen so manche vergnügliche Übungsstunde verbracht wird. Und jeder hat ein Problem oder Problemchen mit seinem Hund, bei dem erfahrene Fachleute behilflich sein können. So lernt man nebenbei einiges über das Wesen des Hundes.

Mensch-Bullterrier-Beziehung

Hunde sind wie ihre Urahnen, die Wölfe, Rudeltiere und verhalten sich auch entsprechend. Im Rudel herrscht eine

Rangordnung. Jedes Rudel hat einen Rudelführer. Dessen Autorität gilt so lange bedingungslos, bis er Schwächen zeigt, herausgefordert wird und im Kampf um die Rudelführerschaft unterliegt.

Heranwachsende Rüden durchleben im Alter von etwa 12 Monaten ihre Halbstarken-Phase. In dieser Zeit testen sie aus, welche Stellung sie innerhalb des Rudels haben. Dies äußert sich in Stufen. Zuerst werden sie widerspenstig, dann knurren sie Rudelmitglieder an, beginnen nach ihnen zu schnappen und kämpfen schließlich um die Führerschaft. Unterliegen sie, ordnen sie sich im Rudel ein, d.h. dem Stärkeren unter.

Im Mensch-Hund-Rudel muß der Mensch uneingeschränkt der Chef sein. Mit Hunden kann man nicht diskutieren. Antiautoritäres Verhalten legen sie als Schwäche aus. Deshalb ist eine intakte Mensch-Hund-Beziehung nur als absolute, autoritäre und hierarchische Beziehung denkbar. Damit es erst gar nicht zu Rangordnungskämpfen kommt, müssen Sie Ihrem Bullterrier von vorneherein klarmachen, daß Sie der Herr/die Herrin im Haus sind. Man erreicht dies, wenn folgende Bedingungen beachtet werden:

1. Seien Sie absolut konsequent; Einmal »Nein« bleibt immer »Nein«. Eine Zwischenform darf es nicht geben. Tabus sind strikt einzuhalten. Ein Hund wird z.B. nicht verstehen, warum man ihm manchmal das Liegen auf dem Sofa verbietet und manchmal gestattet.
2. Der Hund darf nicht zum Mittelpunkt Ihrer Lebensgemeinschaft werden. Er muß mitlaufen. Schenken Sie ihm mindestens pro Tag zwei- bis dreimal 30 Minuten Ihre volle Aufmerksamkeit beim Spielen, Üben, Arbeiten usw.
3. Vermenschlichen Sie das Verhalten des Hundes nicht.
4. Bringen Sie dem Hund die erwünschten Verhaltensweisen mit Liebe und Disziplin bei. Ein Bullterrier benötigt viel Geduld. Das Zusammensein mit Ihnen muß ein Lusterlebnis sein.
5. Loben Sie ihn für seine erwünschten Verhaltensweisen. Strafen Sie ihn für seine unerwünschten. Ein Hund will immer seinem Herrn/seiner Herrin gefallen. Deshalb wird er das gelobte Verhalten wiederholen und das bestrafte unterlassen.
6. Eine Strafe sollte immer angemessen sein. Sie muß kurz und unmittelbar erfolgen. Kommt die Bestrafung schon eine Minute verzögert, kann der Hund den Zusammenhang mit dem unerwünschten Verhalten nicht mehr herstellen. Die Möglichkeiten reichen vom energischen »Anschreien« bis zum einmaligen Klatsch auf den Hintern, vom einmaligen Futterentzug bis dahin, daß man ihn einige Zeit lang nicht anspricht und anschaut. Der Hund darf niemals geprügelt werden, das schafft Mißtrauen. Schlagen Sie ihm nie ins Gesicht, das macht handscheu.

Falsches Strafen!

Ein häufig begangener Fehler: Der Hund wird herbeigerufen, reagiert aber nicht. Wenn er schließlich doch kommt, wird er bestraft. Der Hund verbindet die Bestrafung mit seinem Kommen und wird in Zukunft fernbleiben.

Freizeitpartner Bullterrier

Freizeitpartner Bullterrier

Seit schätzungsweise 14 000 Jahren halten Menschen Hunde. Zweckfrei ist die Beziehung nie gewesen. Einen unnützen Esser konnte man sich in früheren Tagen am Familientisch nicht leisten, dazu war er zu spärlich gedeckt. Ein Hund mußte sein tägliches Fressen mit Arbeit verdienen. Seine vielseitigen Anlagen, die sich manchmal zu widersprechen scheinen, wurden entdeckt, kanalisiert, gefördert und genutzt. So blieb beispielsweise von dem Raubtierartigen bei den Hütehunden kaum etwas übrig. Während ein Wolf beim Anblick einer Schafherde die Messer wetzt, würde ein Hütehund sie bis aufs Letzte verteidigen. Im Laufe der Jahrtausende übernahm der Hund viele Arbeitsbereiche: Bewachung von Haus, Hof und Vieh, Beteiligung an der Jagd, Zugtier von Schlitten und Karren.

Nicht allein die Vielseitigkeit und Anpassungsfähigkeit verlieh aber dem Hund seine Einzigartigkeit unter den Haustieren. Immer schon verband Mensch und Hund auch eine emotionale Ebene. Der Hund zeigt Anhänglichkeit, Treue bis zur Selbstaufgabe, Gehorsam, Gefühlsäußerungen von Liebe, Freude, Trauer, die sogar enge körperliche Kontakte annehmen können. Diese Eigenschaften tragen menschliche Züge und sind in ihrer ausgeprägten Form sonst nicht mehr im Tierreich zu finden.

Von daher eignen sich die positiven emotionalen Charaktermerkmale des Hundes hervorragend als Spiegel für menschliche Schwächen und Fehlverhalten. So heißt es in einem vielzitierten Spruch: »Daß mir der Hund das Liebste sei, sagst Du, oh Mensch, sei Sünde. Der Hund blieb mir im Sturme treu, der Mensch nicht mal im Winde.«

Zwar gibt es heute noch eine Vielzahl von Arbeitsaufgaben für Hunde – neben den klassischen Jagd- und Hüte-Aufgaben sind dies: Diensthund, Rettungshund und Blindenführhund –, jedoch betrifft dies nur eine kleine Zahl dafür geeigneter Hunde. Die Nützlichkeit des Hundes in der Gegenwart liegt in seinem Dasein als Hobby- und Freizeit-Haustier.

▸ Bewegungsansprüche

Bullterrier eignen sich besonders als Freizeitpartner. Ihre Ansprüche hinsichtlich Ernährung sind als normal einzustufen und hinsichtlich Pflege so-

Agility hält Hund und Mensch fit.

gar als gering. Auch was die Bewegung betrifft, verlangt der Bullterrier eher ein bescheidenes Maß. Ihm sollte jedoch täglich die Möglichkeit gegeben werden, sich einmal auszutoben.

Man muß sich im klaren sein, daß die Zucht des Bullterriers, was sein Wesen betrifft, seit den Anfängen ausschließlich zum Ziel hatte, einen menschenfreundlichen Familienhund zu bekommen. Die Formung des Typs erfolgte und erfolgt uneingeschränkt nach den Kriterien eines Schönheitsideals. Leistungsfähigkeit und Arbeitsvermögen spielten dabei schon immer eine untergeordnete Rolle. Folglich nahm das Ausstellungswesen eine bedeutende Stellung bei den Bullterrierbesitzern ein.

Wie alle Lebewesen braucht auch ein Bullterrier Bewegung. Sie regt den Stoffwechsel und die Verdauung an und stärkt Muskeln und Kreislauf, ist also insgesamt der Gesundheit äußerst förderlich. Aus diesem Grund darf man seinem Hang zur Faulheit nicht nachgeben. Jedoch darf man einen Bullterrier auch nicht überfordern. Dadurch könnte wiederum seine Gesundheit geschädigt werden.

Bewegung allein kann ziemlich stumpfsinnig sein. Man kann immer wieder beobachten, daß Hunde, die geistig nicht gefordert werden, verdummen.

Spaß an Mitarbeit

Ein vitaler Hund ist nicht nur vital in den Beinen, sondern auch im Kopf. Bringen Sie Ihren Hund dazu, daß er gern mitarbeitet. Dadurch wächst seine geistige Beweglichkeit und sein Erfahrungshorizont.

Aus diesen Gründen sollte nicht Bewegung im Vordergrund stehen, sondern Beschäftigung, denn letzteres beinhaltet sowohl Bewegung wie auch Denkanstrengung.

Spazierengehen, Wandern

Der Spaziergang gehört zum festen Tagesablauf eines Bullterriers. Für den Welpen oder Junghund sollten die Spaziergänge nicht länger als 30 Minuten dauern. Später dann kann man sie auf mehrstündige Wanderungen ausdehnen.

Spaziergänge sollte man stets in der freien Natur und nicht in der Stadt unternehmen. Die Bewegung regt den

Darm des Hundes an, und der Hund bekommt das Bedürfnis, sich zu lösen. Ausgewachsene Hunde werden an vielen Ecken ihr Revier markieren wollen. In Wohnbereichen aber erregen Kothaufen oder Urinpfützen den verständlichen Ärger vieler Bürger, und das sollte man als verantwortungsbewußter Hundehalter vermeiden. Wenn Sie also Ihren Bullterrier einmal mit in die Stadt nehmen, achten Sie darauf, daß er sich vorher entleert hat.

Die Luft in der Natur ist zudem gesünder als auf den Straßen. Man muß immer bedenken, daß der Kopf des Bullterriers etwa in der Höhe des Auspuffrohres eines Autos sitzt. Er bekommt also die schädlichen Abgase direkt ins Gesicht geblasen.

TIP

Wenn man den Bullterrier ohne Leine laufen lassen kann, eröffnet man ihm auch die Möglichkeit, seinen ausgeprägten Geruchssinn voll und ganz zu gebrauchen. Er wird neugierig überall herumschnüffeln.

Außerdem hat man in der Natur die Möglichkeit, den Hund ohne Leine laufen zu lassen, sofern das Gelände übersichtlich ist und, was nicht oft genug betont werden kann, der Hund dem Kommando »Hier!« gehorcht.

Im übertragenen Sinne ist ein Spaziergang für ihn so etwas wie Zeitung lesen. Seine Sammlung an verschiedenen Gerüchen und Eindrücken erweitert sich, so wie bei den Menschen Lesen einer Lektüre den Wissenshorizont erweitert. Überlassen Sie ihn deshalb bei Spaziergängen getrost einige Zeit sich selbst.

Auf einem Spaziergang erlebt man so manche Überraschung und das eine oder andere Abenteuer. Ob das ein plötzlich aufspringender und davoneilender Hase ist, ein Bach oder Teich oder aber ein anderer Hund mit seinem Begleiter. Außerdem eignen sich Spaziergänge hervorragend, um herrliche Spielchen zu machen.

Hundekontakte

Wie wichtig der Kontakt von Hunden untereinander ist, wurde schon an anderer Stelle betont. Jedoch sollte man seinen Bullterier nicht unbekümmert gleich zu jedem entgegenkommenden Artgenossen springen lassen. Wenn es sich nämlich um einen bissigen Vertreter handelt, kann das für Ihren Bulli schlimme Folgen haben. Nicht nur, daß Beißereien zu ernsthaften Verletzungen führen können. Oftmals bleibt ein solches Erlebnis als traumatische Erinnerung zurück, die sich dann darin äußert, daß der gebissene Hund zukünftig auf seine Artgenossen verängstigt oder aber aggressiv reagiert. Wenn ein Hund auf diese Weise geschädigt ist, kann nur eine äußerst behutsame und langwierige Umgewöhnung helfen, zu der Sie unbedingt den Rat eines erfahrenen Hundekenners einholen sollten. Sie können sich vor Beißereien schützen, indem Sie Ihren Bulli rechtzeitig zu sich rufen und anleinen, sobald Sie einen Ihnen unbekannten Hund näher kommen sehen. Fragen Sie den Besitzer, ob sein Hund verträglich ist, und entscheiden Sie selbst, ob Sie ein gemeinsames Spiel gestatten wollen. Begegnen Sie einem Hund ohne Halter, ist immer Vorsicht geboten.

Falls Ihr Hund dennoch einmal in eine Beißerei verwickelt werden sollte, begehen Sie nicht den Fehler und greifen mit den Händen in Kopfnähe dazwischen. Im Eifer des Gefechts könnte es sein, daß Sie gebissen werden. Versuchen Sie und der Besitzer des anderen Hundes den jeweils eigenen Hund an den Hinterschenkeln zu packen und beide auseinanderzuziehen. Ist der fremde Hund ohne Begleiter, nehmen Sie Ihren Hund hoch und vertreiben den anderen mit Geschrei und Fußtritten.

Fahrrad fahren

Den Drang zu ausdauerndem Rennen, wie das etwa Huskies oder Windhunde haben, besitzt der Bullterrier nicht. Verausgabt sich der Bullterrier zu sehr, kann es sogar zu einer schweren Herzschädigung kommen. Will man den Bullterrier ans Fahrrad nehmen, sollte man deshalb Folgendes beachten:

- Nicht vor dem 12.Lebensmonat beginnen.
- Zunächst eine Strecke von ca. 2 km wählen und sehr langsam. auf ca. 8 km steigern.
- Leichte Trabgeschwindigkeit ist ideal. Sobald der Hund in Galopp verfällt, sind Sie zu schnell.
- Den Hund an der rechten Seite führen.

Wie Gymnastik

Müheloses Traben neben dem Fahrrad ist für den Aufbau der Muskulatur, insbesondere des vorderen Bereichs sehr förderlich.
Schwimmen kräftigt die gesamte Muskulatur. Der Vorteil ist, daß dabei nicht wie beim Radfahren die Gelenke, Sehnen und Bänder durch das eigene Gewicht belastet werden.

Beim Fahrradfahren darf der Bullterrier nicht überfordert werden.

- Die Leine nicht am Lenker befestigen. Falls der Hund seitlich ausbricht, würde er das Fahrrad vermutlich mitreißen.

Schwimmen

Manche Bullterrier sind wahre Wasserratten, wenn sie früh genug daran gewöhnt wurden. Am besten ist, man stellt sich ins seichte Wasser und lockt den Welpen an. Meist benötigt der Kleine einige Überwindung. Aber irgendwann faßt er sich ein Herz und macht seine ersten Paddelversuche.

Vergessen Sie nicht, zum Badespaß ein Handtuch mitzunehmen, mit dem

Sie den Hund hinterher abtrocknen. Da der kurzhaarige Bullterrier keine Unterwolle hat, ist er gegen Luftzüge besonders im Nierenbereich sehr empfindlich.

Bringspiele

Beim Spazierengehen ist das Bringen eines weggeworfenen Gegenstandes – für den Hund ist dies eine »Beute« – eine hervorragende Spieleinlage. Außerdem kann man den Hund dabei etwas müde machen.

Ganz gleich, ob es ein Stöckchen ist, ein vom Baum gefallener Apfel oder ein mitgebrachter Tennisball – sobald dem Hund die Bedeutung bewußt ist, wird er alles zurückholen, was man im Spiel wegwirft.

Gelernt wird das Kommando »Bring!« zunächst, indem man den Hund auf ein Beutestück aufmerksam macht. Voraussetzung ist auch, daß er das Hörzeichen »Hier!« beherrscht. Locken Sie ihn mit einem Ball oder Holzstück, bis er ganz versessen darauf ist, es haben zu wollen. Anschließend werfen Sie das »Beutestück« einige wenige Meter weg. Sofort wird er sich darauf stürzen. Sobald er die Beute hat, erteilen Sie das Hörzeichen »Bring hier!«. Der Hund folgt zunächst »Hier!«. Deshalb müssen Sie nach und nach diesen Teil weglassen. Sobald der Hund mit der Beute zurückgekehrt ist, nehmen Sie ihm das Stück mit dem Hörzeichen »Aus!« weg.

TIP

Beim Spielen immer aufhören, wenn es am schönsten ist, und nicht dann, wenn der Hund es will. Dadurch hat er keine Gelegenheit, des Spiels überdrüssig zu werden. Er wird es in guter Erinnerung behalten. Voller Freude und Eifer ist er beim nächsten Mal wieder bei der Sache.

Agility

Hundevereine bieten eine Reihe organisierter Freizeitmöglichkeiten für Hund und Halter an. Sehr gut geeignet für den Bullterrier ist die Agility. Der Begriff kommt aus dem Englischen und heißt soviel wie Gewandtheit. Das Agility-Gelände ist ein Parcours aus verschiedenen Hindernissen, die zu bewältigen sind: Slalomlauf zwischen Stangen, verschiedene Hürden, Laufstege und Wippen zum Darüberlaufen, Reifen zum Durchspringen, Tunnel zum Durchkriechen usw. Bis die Übungen sitzen, ist regelmäßiges Training notwendig.

In Wettbewerben gewinnt derjenige, der den Parcours in der schnellstmöglichen Zeit durchläuft. In die Bewertung fließt mit ein, wie der Hund die einzel-

Das Slalomlaufen ist eine typische Parcoursübung beim Agility.

nen Hindernisse bewältigt. Es muß nicht gesagt werden, daß nicht nur die Kondition des Hundes, sondern auch die des Halters gefordert ist.

▸ Schutzhundsport

Ob sich die Rasse Bullterrier für den Schutzhundsport eignet, darüber scheiden sich die Meinungen. Schutzhundsport verlangt äußerste Disziplin und Gehorsam in allen Situationen. Wenn Ihr Bulli zu der Kategorie »bequem und stur« gehört, sollten Sie die Finger davon lassen. Es könnte nämlich sein, daß er vielleicht an einem Übungstag alle Kommandos verweigert, bloß weil ihm die Außentemperatur nicht paßt.

Wenn er aber ein arbeitsfreudiger Bulli ist und Sie selbst an Hundesport interessiert sind, könnte die Schutzhundausbildung eine für Sie und den Hund befriedigende Freizeitbeschäftigung darstellen. Voraussetzung ist jedoch zunächst eine bestandene Begleithundprüfung.

Die Schutzhundausbildung erfolgt in drei Abteilungen. In der Abteilung A wird der Hund in der Fährtenarbeit ausgebildet. Die Abteilung B, die Unterordnung, beinhaltet sämtliche Gehorsamsübungen wie »Sitz!«, »Platz!«, Apportieren, Herankommen, Freifolge, Ablegen usw. Die Abteilung C ist der eigentliche Schutzdienst. Der Hund muß lernen, Verstecke von Scheintätern aufzuspüren, diese zu stellen und zu verbellen. Er lernt, einen »Flüchtenden« zu verfolgen und mit einem Biß in den Schutzarm festzuhalten.

Die Schutzhundprüfung (SchH) findet in drei Kategorien statt, wobei die Anforderungen mit der Nummer der Kategorien steigen.

▸ Rettungshund

Eine äußerst sinnvolle Freizeitbeschäftigung stellt die Rettunghundausbildung dar. Das Gefühl, mit seinem Hund auch etwas für die Gemeinschaft tun zu können, ist eine besonders befriedigende Aufgabe.

Bevor mit der eigentlichen Ausbildung begonnen werden kann, muß eine Tauglichkeitsprüfung abgelegt werden, die sich an den Inhalten der Begleithundprüfung orientiert. Etwa drei Jahre brauchen Hund und Hundeführer zum Ablegen der Prüfung und bis zur Aufnahme in eine Rettungshundestaffel. Zwar steht eindeutig der Hund im Mittelpunkt, geschult wird jedoch auch der Hundeführer. Dieser muß Lehrgänge in Erster Hilfe absolvieren, in Bergungsarbeit, Sprechfunkbedienung, Karten- und Kompaßlesen sowie mentalem Training zur Streßbewältigung in Extremsituationen. Die Hauptprüfung erfolgt in den Sparten Trümmer- und Flächensuche.

▸ Ausstellungen

Das Ausstellungswesen hat seit jeher bei den Bullterrierliebhabern einen besonderen Stellenwert. Zum einen bieten Ausstellungen, fachlich »Zuchtschauen« genannt, einen besonders guten Einblick und Überblick über den gewünschten Qualitätsstand einer Rasse. So mancher Neuling in der Rasse erfährt hier erstmals, welch wunderbares Exemplar von Hund er sein eigen nennt. Zum anderen muß, wer vorhat, seinen Bullterrier einmal in der Zucht unter VDH-Bedingungen einzusetzen, mindestens eine Ausstellung besucht haben und sein Hund mit der Note »Sehr gut« beurteilt worden sein.

Ausstellungen

Vor der Ausstellung

- [ ] Besuchen Sie mit Ihrem Hund zunächst kurzzeitig als Zuschauer eine Ausstellung, damit er sich an den Trubel gewöhnt. Achten Sie darauf, wie die Hunde im Ring präsentiert und gerichtet werden.
- [ ] Machen Sie sich mit der Zuchtschauordnung vertraut, die in jedem Katalog abgedruckt ist.
- [ ] Durch regelmäßiges Ringtraining werden Hund und Halter zum eingespielten Team im Schauring.

Organisatorische Fragen

- [ ] Fordern Sie bei der Schauleitung rechtzeitig Meldepapiere an. Schicken Sie die ausgefüllten Meldeformulare zurück. Überweisung des Meldegeldes nicht vergessen.
- [ ] Den Hund bereits Tage vor der Schau schonen. Aktivitäten vermeiden, bei denen er sich kleine, unschöne Verletzungen zuziehen könnte, z.B. Schrammen im Gesicht beim Jagen durchs Unterholz. Vor der Ausstellung den Hund baden.

Zur Ausstellung mitnehmen

- [ ] Gültiger Impfpaß
- [ ] Ahnentafel
- [ ] Vorführhalsband und Leine
- [ ] Decke
- [ ] Napf und Wasserflasche
- [ ] Leckerlis
- [ ] Käfig oder Box
- [ ] Seien Sie pünktlich zum Einlaß der Hunde auf dem Schaugelände!

Während der Ausstellung

- [ ] Halten Sie Ihren Hund mit kurzer Leine unter Kontrolle. Achten Sie im Ring auf einen sicheren Abstand zu den anderen Teilnehmern.
- [ ] Ein Richterurteil ist unanfechtbar. Akzeptieren Sie deshalb jede Bewertung mit sportlicher Fairneß.

Der Zuchtrichter erklärt nach der Plazierung den Ausstellern die Vor- und Nachteile ihrer Hunde.

▸ Zuchtschauen

Die größten Ausstellungen werden in allen Ländern Europas von den nationalen Verbänden organisiert. Für Deutschland ist dies der VDH, der in den Großstädten mit Messegeländen internationale und nationale Zuchtschauen für alle Rassen veranstaltet. Je nach Lage und Bedeutung treffen sich an den Wochenenden manchmal bis zu über 6 000 Hunde und ihre Halter, um die schönsten der jeweiligen Spezies zu ermitteln.

Viel kleiner sind die Spezialzuchtschauen der Zuchtvereine. Die Gesellschaft der Bullterrier-Freunde e.V. und der Deutsche Club für Bullterrier e.V. richten jeweils ca. 12 Schauen pro Jahr aus, verteilt auf einzelne Bundesländer. Die Zahl der Meldungen bewegt sich dabei in der Regel um 80 für Bullterrier und Miniatur Bullterrier zusammen.

Wer mit seinem Hund an einer Ausstellung teilnehmen will, muß Startgeld bezahlen.

KLASSENEINTEILUNG ▸ Bewertungen erfolgen in verschiedenen Klassen. Rüden und Hündinnen werden getrennt voneinander in verschiedenen Alters- und Leistungsklassen von ausgebildeten und geprüften Spezialzuchtrichtern beurteilt. Die einzelnen Klassen sind:

- Jüngstenklasse: 6–9 Monate
- Jugendklasse: 9–18 Monate
- Offene Klasse: ab 15 Monate
- Championklasse: ab 15 Monate, für Hunde mit anerkanntem Champion- oder Siegertitel
- Veteranenklasse: ab 8. Lebensjahr

Daneben gibt es noch besondere Wettbewerbe, wie Zuchtgruppen-, Nachzuchtgruppen-, Paarklassen- und Vorführwettbewerbe für Jugendliche.

FORMWERTNOTEN ▸ Beurteilungskriterium ist der Rassestandard. In den Formwertnoten wird zum Ausdruck gebracht, inwieweit der beurteilte Hund dem Rassestandard entspricht. Vergeben werden können fünf Kategorien von Formwertnoten, die im wesentlichen folgendes besagen:

- Vorzüglich: Der Hund entspricht dem Standardideal.
- Sehr gut: Die typischen Merkmale seiner Rasse sind vorhanden, der Hund hat jedoch verzeihliche Schwächen.

- Gut: Der Hund besitzt die Hauptmerkmale, Fehler sind jedoch deutlich erkennbar.
- Genügend: Diese Note erhält ein Hund, der seinem Rassetyp genügend entspricht, dessen Verfassung jedoch zu wünschen übrigläßt.
- Ungenügend: Der Hund entspricht nicht dem Standard oder ist aggressiv.

Prämierung

Anders als bei vielen anderen Sportarten werden nicht die ersten drei, sondern die ersten vier einer jeden Klasse geehrt. Die Sieger der Jugendklassen, Offenen- und Championklassen erhalten Anwartschaften auf Championtitel.

Vorführen

Zwar ist das entscheidende Beurteilungskriterium der Rassestandard, jedoch hängt eine entsprechend gute Formwertnote auch davon ab, inwieweit der Vorführer die Vorteile seines Hundes sichtbar zu machen vermag. Ein Bullterrier, der normalerweise über ein vorzügliches Gangwerk verfügt, sich im Ausstellungsring allerdings nur mühsam und lustlos vorwärtsbewegt, wird für diesen Teil eine schlechte Beurteilung bekommen. Das Vorführen, Handling genannt, hat schon bei mancher Richterentscheidung eine wichtige Rolle gespielt.

TIP

Erfahrene Aussteller bereiten ihre Bullterrier genau auf die Präsentation im Ring durch ein besonderes Training und entsprechende Fellpflege vor.

Von Vorteil sind immer Hunde, die sich im Ring lebendig, freundlich und unbeeindruckt vom restlichen Geschehen zeigen. Konzentrationsfähigkeit für die Standbeurteilung ist unerläßlich. Man beginnt mit dem Training schon im Welpenalter. Der kleine Bulli wird auf einen Tisch gestellt. Halten Sie Ihre Hand waagerecht und bilden mit Daumen und Zeigefinger ein »o«, die restlichen Finger sind gestreckt. Sobald der Hund Ihre Hand im Blick hat, sprechen Sie ein langgezogenes »Steeeh!«. Zunächst sollte die Übung nur wenige Sekunden dauern und allmählich ausgedehnt werden. Erfolgt das erwünschte Verhalten, kommt ein dickes Lob. Viele Aussteller benutzen bei der Vorführung einen Gegenstand, auf den der Hund besonders »heiß« ist, wie z.B. einen Tennisball oder ein Leckerli.

Im Zusammenhang mit der Standübung rate ich Ihnen, auch das Zähnezeigen zu trainieren. Jeder Ausstellungsrichter möchte die Vollständigkeit und Stellung der Zähne beurteilen können. Dazu ist es nötig, daß dem Hund die Lefzen leicht weggezogen werden. Naturgemäß ist ein derartiges Berühren dem Hund unangenehm, und er wird sich dagegen wehren, womit er allerdings wiederum keinen guten Eindruck macht. Denn ein Hund, der es geduldig hinnimmt, sich in den Fang greifen zu lassen, beweist Ausgeglichenheit und Gehorsam, beides wesentliche Elemente eines guten Wesens.

Die Zahnkontrolle sollten Sie immer mit dem Hörzeichen »Zähne!« begleiten. Die Übung schließt man mit einem Leckerli und viel Lob ab.

Bei aller Ernsthaftigkeit, mit der das Ausstellungswesen betrieben wird, sollten Sie aber nie vergessen, daß Ihr Bull-

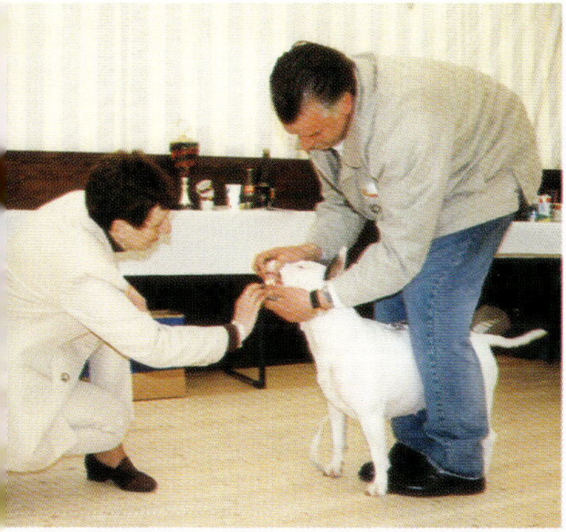

Die Begutachtung des Zahnstandes geht in das Zuchtrichterurteil mit ein.

terrier Ihr Freund und Lebensgefährte ist. Deshalb: Ein Zuchtrichterurteil, welches vielleicht nicht so ausfällt, wie Sie es erhofft haben, darf das Verhältnis keinesfalls beeinträchtigen. Was schön ist, bestimmen Sie – und zuallererst kommen die inneren Werte.

▸ Urlaub

Wenn Sie eine Urlaubsreise planen, stehen Sie vor der Entscheidung, ob der Hund mitgenommen wird oder nicht. Beabsichtigen Sie beispielsweise einen Flug zu einem der beliebten Touristenziele wie Mallorca oder Teneriffa oder eine Busreise mit einer Reisegruppe, ist es fraglich, ob das für Sie und Ihren vierbeinigen Freund zu einem Vergnügen werden könnte. In solchen Fällen rate ich Ihnen, bereits rechtzeitig einen Platz in einer Hundepension zu suchen, sofern Sie niemanden haben, der auf Ihren zu Hause gebliebenen Hund aufpaßt.

Bei Reisen auf die Britischen Inseln, nach Australien oder Neuseeland darf wegen der noch bestehenden Quarantänebestimmungen kein Tier mitgenommen werden. Zum Zeitpunkt der Drucklegung dieses Buches bestand aber bereits Hoffnung, daß dieses Verbot in England aufgehoben wird.

Planen Sie eine Reise mit dem Auto, so stellt das Mitnehmen eines Hundes kein wesentliches Hindernis dar. Wenn Sie zudem eine sichere Unterbringung wie z.B. eine Box oder einen Laufstall vorweisen können, haben Hotels und Pensionen in der Regel nichts gegen Hunde. Der Aufpreis für die Hundehaltung in den Hotels ist meist gering. Nur sollten Sie sich diese Genehmigung am besten schriftlich geben lassen.

Bevor man eine Reise ins Ausland antritt, sollten die jeweiligen Einreisebestimmungen eingeholt werden. Der ADAC, der Tierschutzbund oder der Tierarzt verfügen über die entsprechenden Informationen. Prüfen Sie, welche Impfbestimmungen für Sie gelten. Vergewissern Sie sich auch, ob der Hund ein amtstierärztliches Zeugnis benötigt.

Checkliste für den Urlaub

- [ ] Frühzeitig einen Urlaubsort mit einer hundefreundlichen Unterkunft suchen.
- [ ] Informieren Sie sich über die Einreisebestimmungen, und treffen Sie die notwendigen medizinischen Vorkehrungen.
- [ ] Folgendes Hundezubehör mitnehmen: Käfig oder Box, Leine, eventuell Ersatzleine und Halsband, Freß- und Wassernapf, ausreichend Futter, Kauknochen, Spielzeug, Decke, Handtuch, Zeckenzange, Impfpaß, Medikamente.
- [ ] Bei Badeurlaub: Bevor man an den Strand geht, sollte der Hund sich vorher ausgiebig gelöst haben. Nach dem Baden im Meerwasser den Hund duschen.

Bullterrier züchten

Bullterrier züchten

Viel Menschlich-Emotionales liegt in der Hundezucht. Wer einen Deckrüden besitzt, kann sich geehrt fühlen, daß man seinen Hund als Vater zukünftiger Welpen ausgesucht hat. Auch möchte man dem guten Freund einmal das Glück höchster sexueller Wonnen gönnen. Bei einer Hündin reizt das Erlebnis der Geburt und das Aufziehen und Aufwachsen der Welpen. Wer jedoch von Liebeshochzeit und Mutterglück spricht, verklärt die Tatsachen. Ein Hund gehorcht ausschließlich seinen Trieben und Instinkten.

Züchten bedeutet in allererster Linie viel Arbeit. Derart nüchtern sollte man die Zucht betrachten, ohne dabei zu verkennen, daß sie eine Menge Spaß machen kann. Ab dem Wurftag dreht sich mindestens acht Wochen lang rund um die Uhr alles um den Wurf. Nicht nur die Pflege von Welpen und Mutterhündin fordert den Züchter. Sobald der Wurf bei der Welpenvermittlungsstelle gemeldet ist, erhält man täglich zahlreiche Anrufe von Interessenten, von denen wiederum viele zu Besuch kommen, um sich die Welpen anzuschauen. Es muß jedoch auch damit gerechnet werden, daß die Kleinen nach acht Wochen noch nicht alle aus dem Haus sind. Das ist dann, als müßte man einen Sack Flöhe hüten. Jeder Welpe braucht seine individuelle Zuwendung, er muß geprägt, belehrt und erzogen werden. Man sollte sich deshalb die Frage stellen, ob man dazu die nötige Zeit aufbringen kann.

Züchten bedeutet aber auch Verantwortung. Genau wie Sie einmal von Ihrem Züchter verlangt haben, daß er Ihnen noch nach der Welpenabgabe mit seinem Rat zur Seite steht, würden dies Ihre Welpenkäufer auch von Ihnen verlangen. Und was machen Sie, wenn ein Welpenkäufer den Hund wieder zurückbringt? Oder wenn Sie erfahren, daß einer Ihrer Welpen in einem Tierheim abgegeben wurde?

Kontakt untereinander und zu Menschen ist für die gesunde Wesensentwicklung des Welpen unverzichtbar.

Kastration

Wer auf keinen Fall im Sinn hat, mit seinem Bullterrier zu züchten, dem rate ich zur Kastration. Der Eingriff sollte bei Hündinnen vor der ersten Läufigkeit erfolgen. Es ist nachgewiesen, daß sich dadurch eine mögliche Erkrankung an Gesäugetumoren (Mammakarzinom) sehr stark reduziert. Beim Rüden sollte die Kastration nicht vor dem 18. Monat vorgenommen werden, damit er nicht in seiner körperlichen Entwicklung gestoppt wird.

Wer bereit ist, die Belastungen eines Züchters auf sich zu nehmen, kann einen Wurf ins Auge fassen. Sofern der Hund eine FCI-Ahnentafel eines dem jeweiligen nationalen Verband angeschlossenen Spezialzuchtvereins besitzt, sollte man unbedingt über diese Vereine züchten. Erfüllt der Hund deren Zuchtvoraussetzungen, darf sehr wohl gesagt werden, daß es sich um ein hervorragendes Exemplar handelt. Derartige Eigenschaften sollten nur unter den Besten und mit den Besten weitergegeben werden, und die findet man nur in den FCI-Vereinen. Dies sind:

- Verband für das Deutsche Hundewesen e.V. (VDH),
- Gesellschaft der Bullterrier-Freunde e.V. (GBF),
- Deutscher Club für Bullterrier e.V. (DCBT),
- Österreichischer Kynologen-Verband (ÖKV),
- Österreichischer Bullterrier Club (ÖBTC),
- Schweizerische Kynologische Gesellschaft (SKG),
- Bullterrier Klub Schweiz (BTKS).

Voraussetzungen

Die zuchtbuchführenden Vereine im VDH, die GBF und der DCBT, haben nahezu identische Auflagen, festgehalten in einer Zuchtordnung. Danach muß, wer züchten will, u.a. folgende Voraussetzungen erfüllen:

ZWINGERSCHUTZ ▸ Erstzüchter müssen an einer Züchterschulung teilnehmen. Zwingerschutz muß beantragt und eingetragen werden. Hierzu ist eine vorherige Zwingerabnahme des Zuchtwartes nötig, bei der nachgewiesen werden muß, daß die räumlichen Voraussetzungen gegeben sind.

Kennzeichen eines seriösen Züchters

1	Der Züchter gewährleistet, daß der Wurf von einem Zuchtwart der GBF oder des DCBT, die dem VDH/FCI angegliedert sind, kontrolliert und ein Wurfabnahmebericht angefertigt wird. Dadurch erhalten die Welpen Ahnentafeln.
2	Das Wurflager ist sauber. Die Welpen haben genügend Auslauf in natürlicher freier Umgebung (Garten).
3	Die Mutterhündin und die Welpen sind in gesundem und gepflegtem Zustand.
4	Die Welpen sind von aufgeschlossenem Wesen.
5	Als Züchter fragen Sie nach Motiven und den Haltungsverhältnissen des Kaufinteressenten. Sie geben ebenfalls auf Fragen bereitwillig Auskunft.

Zuchtzulassung

Bevor Miniatur Bullterrier und Bullterrier-Rüden oder -Hündinnen zur Zucht zugelassen werden, müssen sie mindestens zweimal die Formwertnote »Sehr gut« unter zwei verschiedenen Spezialzuchtrichtern erreicht haben. Bei nur einmaliger Bewertung mit »Sehr gut« erfolgt die Erlaubnis für nur einen Deckakt bzw. Wurf.

Bullterrier und Miniatur Bullterrier müssen durch einen audiometrischen Test nachweisen, daß sie nicht taub sind.

Nur bei der GBF (zum Zeitpunkt der Drucklegung): Miniatur Bullterrier müssen den ärztlichen Befund erbringen, daß sie nicht an Primärer Linsenluxation leiden.

Nicht zur Zucht zugelassen werden weiterhin Hunde, die scheu, ängstlich oder überaggressiv sind, Hunde mit nachgewiesener Patellaluxation (herausspringende Kniescheibe) und mit Hautkrankheiten.

ZUCHTALTER UND ZUCHTVERWENDUNG ▸ Hündinnen müssen am Decktag mindestens 15 Monate alt sein und dürfen maximal 8 Lebensjahre vollendet haben.

Mit einer Hündin kann man nicht mehr als 5 Würfe züchten, wobei der Abstand von Decktag zu Decktag mindestens 8 Monate betragen muß.

WURFABNAHME ▸ Welpen dürfen erst nach erfolgter Wurfabnahme durch den Zuchtwart, frühestens mit 8 Wochen, abgegeben werden. Voraussetzung ist der Nachweis über die SHLP-Grundimmunisierung

Ein Wurf wartet darauf, abgeholt zu werden.

Der Zuchtwart überprüft die Zuchtstätte, die Welpen und die Mutterhündin und verfaßt darüber einen Bericht.

TÄTOWIERUNG ▸ Die Tätowierung der Welpen mit der Zuchtbuchnummer schließt die Wurfabnahme ab.

TIP

Was tun, wenn die Hündin unbeabsichtigt gedeckt wird? Der Tierarzt kann durch entsprechende Medikamente (Spritze) eine Befruchtung verhindern. In den meisten Fällen jedoch folgt darauf eine chronische Gebärmutterentzündung, die in der Regel erst durch eine erneute Schwangerschaft ausheilt. Deshalb raten viele Tierärzte zum Austragen der Welpen.

Läufigkeit

Im allgemeinen werden Hündinnen zum ersten Mal mit 6 Monaten läufig und dann alle weiteren 6 Monate wieder. Beim Bullterrier kann dies sehr verschieden sein. Ich habe schon welche erlebt, die ihre Hitze in unterschiedlich langen Zyklen und in Abständen von bis zu 12 Monaten hatten. Großen Einfluß haben auch die Jahreszeiten. Aber auch das Zusammentreffen mit einem Rüden kann insbesondere bei längeren Zyklen eine Hitze schon vor dem erwarteten Termin auslösen.

Von der ersten Hitze wird man meist überrascht. Für die weiteren gilt als Anzeichen häufiges tröpfchenweises Urinieren beim Spaziergang. Hündinnen hinterlassen auf diese Weise ihre Duftmarken. Sie wollen damit Rüden auf sich aufmerksam machen. Wenn sich herumstreunende Rüden vor Ihrem Hoftor versammeln, wissen Sie endgültig, daß die Läufigkeit beginnt.

Bereits schon Tage vor den ersten Bluttropfen schwellen die Schamlip-

Läufigkeitsdiagramm

Tag		
5		Scham beginnt anzuschwellen
4		
3		
2		
1		großer Appetit, sehr anhänglich
1	Ausfluß	rot
2		
3		
4		hellrot
5		
6		rosa
7		
8		
9		farblos
10		
11		
12		in der Regel bester Decktermin
13		
14		während dieser Zeitspanne wird der Rüde von der Hündin am besten angenommen
15		
16		
17		
18		Hündin lehnt den Rüden ab; in seltenen Fällen aber auch noch am 21. Tag Befruchtung möglich
19		
20		
21		

Läufigkeitskalender

Beginn der Läufigkeit	*voraussichtliche nächste Läufigkeit*	*Bemerkungen*

pen, Labien genannt, an. Zunächst ist die Blutung dunkelrot, wird aber immer heller und wäßriger. Ist der Ausfluß schon fast farblos, beginnt die Hochbrunst. Damit ist der Abschnitt gemeint, in dem die befruchtungsfähigen Eier aus dem Eierstock in die Eileiter wandern (Ovulation). Der ideale Zeitpunkt für eine Paarung ist erreicht, die Spermien des Rüden können auf die Eier im Eileiter treffen und diese befruchten.

Die Zeitspanne bis dahin kann nur ungefähr angegeben werden, denn auch dabei weichen Bullterrier von der Regel ab, die man von anderen Rassen her kennt. Während die Fachliteratur die Hochbrunst zwischen dem 10. und 13. Läufigkeitstag festlegt, kann sie beim Bullterrier zwischen dem 8. und 21. Tag liegen.

Will man seine Bullterrier-Hündin decken lassen, so achtet man am besten auf bestimmte Anzeichen, die darauf hinweisen, daß es soweit ist. Die Labien sind in der Hochbrunst etwas weicher. Oder die Hündin dreht ihre Rute senkrecht nach oben weg, streckt ihre Vulva heraus und bewegt diese auf und ab, wenn man ihr über den Rücken streichelt. Die sicherste Methode, den Decktag zu ermitteln, ist jedoch ein Progesteron-Test. Der Tierarzt benötigt hierzu einige Tropfen Blut, die mit einer chemischen Substanz reagieren. Je nach Färbung kann er den Befruchtungstag vorhersagen.

Falls Sie keinen Wurf planen, ist jetzt die Zeit gekommen, in der Sie gut auf Ihre Hündin aufpassen sollten. Sie darf nur noch an der Leine ausgeführt werden. Auch wenn sie sonst sehr gut Ihren Kommandos folgt: Läufigkeit bedeutet eine Ausnahmesituation, in der die Triebe stärker sind als jeder Gehorsam. Meiden Sie Wege, auf denen gewöhnlich viele Hunde spazierengehen, damit Sie nicht frei laufende Rüden abwehren müssen.

Haben Sie in Ihrem Haushalt noch einen zeugungsfähigen Rüden, ist ebenfalls Vorsicht geboten. Am besten ist es, wenn er weggesperrt wird. Für ihn beginnt mit der Läufigkeit der Hündin ein Leiden, das sich in Jaulen, Schlaflosigkeit, Futterverweigerung oder Aufreitversuchen äußert.

Durch Hormonspritzen ist es möglich, die Läufigkeit der Hündin zu unterdrücken. Jedoch sollte jedem Hundehalter klar sein, daß ein Eingriff in den Hormonhaushalt nicht unproblematisch ist und Nebenwirkungen mit sich bringt. So sind beispielsweise Tumorbildungen nach Hormonbehandlungen nachgewiesen.

Scheinträchtigkeit

Ich erinnere mich noch gut an einen Züchter, bei dem ich einen Welpen reserviert hatte. Noch am vorausberechneten Wurftag wollte er am Telefon Haus und Hof verwetten, daß seine Hündin Welpen trage. Alle Anzeichen sprachen dafür: Sie war kugelrund, die Zitzen schwollen an, und Milchtropfen rannen heraus. Auch zeigte sich das typische Verhalten von Hündinnen kurz vor dem Werfen.

Am nächsten Tag rief er mich an. Eine Röntgenuntersuchung beim Tierarzt habe ergeben, daß die vermeintlich schwangere Hündin nur scheinträchtig war. Obwohl es sich um einen erfahrenen Züchter handelte, ließ er sich täuschen.

Fälle von Scheinträchtigkeit findet man sehr oft, vielleicht nicht immer in der eben beschriebenen ausgeprägten Form. Wichtig ist in einem solchen Fall, daß man sich gegenüber der Hündin nicht verhält, als wäre sie trächtig, und deshalb gefühlvoller und nachsichtiger mit ihr umgeht. Dadurch verstärkt sich ihr scheinträchtiges Verhalten nur noch. Behandelt man sie wie gewohnt, verschwinden die Symptome meist wieder.

Vorsichtig sollte man jedoch sein, wenn Milch eingeschossen ist. Da keine Welpen da sind, die saugen, kann es zu sehr schmerzhaften Entzündungen der Zitzen kommen (Mastitis). Mit entsprechenden Salben läßt sich die Entzündung heilen. Kühle Umschläge helfen zusätzlich. Inwieweit eine Antibiotika-Behandlung nötig wäre, wird der Tierarzt entscheiden.

Auswahl des Deckrüden

Sobald der Entschluß gefaßt wurde, daß die Hündin bei der nächsten Hitze belegt werden soll, stellt sich die Frage, wer der Deckrüde sein soll. Eine wichtige Anlaufstelle, wenn es um die Zuchtauswahl geht, ist der Zuchtleiter des jeweiligen Zuchtvereins. Er ist genauestens über die gesamte Population, über die verschiedenen Zuchtlinien und die Deckleistungen einzelner Rüden informiert. Sein Bemühen wird sein, einen Rüden zu finden, der dort herausragende Qualitäten besitzt, wo die Hündin Mängel hat. Wenn z.B. die Hündin in der Hinterhand etwas steil ist, sollte ein Rüde ausgewählt werden, der über eine vorzüglich gewinkelte Hinterhand verfügt.

Spätestens wenn die Läufigkeit anfängt, sollte Kontakt mit dem Deckrüdenbesitzer aufgenommen werden, um einen ungefähren Decktermin auszumachen. Informieren Sie sich über die Höhe der Decktaxe.

PAARUNG ▸ Der Ort der Paarung ist in der Regel beim Deckrüdenbesitzer. Dieser ist verantwortlich für den Ablauf des Deckaktes.

Damit die Hündin erfolgreich belegt wird, muß sie sich in einem gesundheitlich hervorragenden Zustand befinden. Eine Entwurmung sollte auf jeden Fall durchgeführt worden sein und ein ausreichender Impfschutz bestehen. Manche Züchter lassen vom Tierarzt vorsorglich eine Scheidenspülung mit Antibiotika vornehmen, damit keine Bakterien die Samenzellen zerstören.

Kommt es nicht zur Paarung, weil der Rüde noch nicht deckwillig ist oder die Hündin den von Ihnen ausgewählten Rüden abwehrt, liegt es wahrscheinlich daran, daß die Hündin noch nicht in der Hochbrunst ist. Dann muß ein neuer Decktermin vereinbart werden.

Wenn die Hündin zum Zeitpunkt des Deckaktes noch nicht befruchtungsfähig ist, muß das nicht bedeuten, daß sie nicht doch trächtig wird. Die Samenzellen besitzen nämlich eine Lebensfähigkeit von bis zu fünf Tagen. Eine Befruchtung kann also innerhalb dieses Zeitraumes erfolgen.

Wurde die Hündin befruchtet, läßt sie in der Regel den Rüden kein weiteres Mal an sich heran. Wird die Hündin dennoch nicht trächtig, hat man bei der nächsten Hitze bei dem Rüden dieses Besitzers einen Decksprung frei.

▸ Trächtigkeit

Während der Tragezeit sollte die Hündin gut bewegt werden. damit ihre Vitalität erhalten bleibt. Man bereitet schon das zukünftige Welpenzimmer vor und stellt eine Wurfkiste mit Rotlichtlampe auf, in der Hündin und Welpen die ersten Wochen gemeinsam verbringen werden. Eine vorbildliche Wurfkiste hat an drei Seiten Distanzleisten, unter die sich die Welpen verkriechen können. Dadurch wird verhindert, daß sich die Mutterhündin aus Versehen auf sie legt und sie erdrückt. Zum Auspolstern werden alte Bettlaken und Handtücher besorgt.

Die Tragezeit dauert im Durchschnitt 63 Tage. Wenn auch am 65. Tag noch der Wurf ausbleibt, muß man den Tierarzt einschalten. Deutliches Anzeichen des Wurftages ist eine sich steigernde Unruhe der Hündin. Sie beginnt zu scharren oder ein Nest zu bauen. Mit Herannahen der Wehen fängt sie immer stärker an zu hecheln. Die Körpertemperatur fällt zunächst am Tag vor dem Werfen etwas ab, steigt aber am Wurftag wieder an. Deshalb die Temperaturwerte aufschreiben!

▸ Die Geburt

Während der Geburt darf man die Hündin nicht allein lassen, denn sobald es zu Geburtsschwierigkeiten kommt, braucht sie unsere Hilfe.

TIP

Ein Trank aus $^1/_2$ l Wasser, $^1/_3$ Becher Sahne, einem Eigelb und zwei Eßlöffeln Traubenzucker wird ihr zwischen den einzelnen Preßwehen guttun.

Die Welpen kommen in einer Fruchtblase zur Welt, die mit der Nachgeburt (Plazenta) verbunden ist. Man muß darauf achten, daß mit jedem Welpen auch die Nachgeburt ausgestoßen wird. Ist der Welpe auf der Welt, beißt die Mutter die Nabelschnur durch und packt den Kleinen aus der Fruchtblase aus, indem sie diese vorsichtig um ihn herum auffrißt. Anschließend leckt sie ihn sauber. Das Mäulchen des Welpen sollte man daraufhin prüfen, daß es frei von Fruchtwasser ist.

Instinktiv suchen die neugeborenen Welpen die Zitzen der Hündin auf, um die wichtige Kolostralmilch zu saugen. Je nach Wurfstärke sind die Welpen zwischen 350 und 500 Gramm schwer. Eine tägliche Gewichtszunahme von ca. 100Gramm ist ideal.

Indem die Hündin die Welpen am Bauch leckt, löst sie einen Verdauungsreflex aus. Sie beginnen zu urinieren und ihren Stuhl zu entleeren. Die Hündin ist bemüht, ihr Lager sauber zu halten, und leckt die Exkremente auf. In der Regel zeigt sie dieses Verhalten so lange, bis den Jungen zugefüttert wird. Da die Laken von der blutigen Nachgeburt verschmutzt sind,

Die Milchbar der Hundemama ist geöffnet.

muß der Züchter sie gegen frische auswechseln.

Sind alle Welpen geboren und versorgt und ist das Lager gereinigt, läßt man die erschöpfte Mutterhündin mit ihren Kleinen in Ruhe. Nach all den Anstrengungen hat sie sich diese verdient. Die nächsten Tage wird sie sich ganz um ihren Nachwuchs kümmern.

Die Zitzen sollte man täglich prüfen, damit keine Mastitis aufkommt.

Kalzium-Mangel ausgleichen

Zur Unterstützung des Kalzium-Haushalts, der durch die Milchproduktion stark beansprucht wird, verabreicht man mehrmals täglich ein Kalzium-Präparat. So beugt man auch der gefürchteten Kalzium-Eklampsie vor, die bei akutem Kalzium-Mangel entsteht.

Beginnende Aktivitäten

Die ersten drei Wochen kriechen die Welpen nur in der Wurfkiste umher. Erst dann beginnen sie, mit wackligen Gehversuchen ihre Umgebung zu erkunden. Gleichzeitig öffnen sie Augen und Ohren. Die ersten Zähnchen zeigen sich mit etwa dreieinhalb Wochen und hinterlassen die ersten Spuren am Gesäuge der Mutter. Erstes zaghaftes Auffordern eines Partners zum Spiel kann man jetzt beobachten.

Mit der fünften Woche sind die Welpen bereits sehr aufmerksam. Wenn man sich der Wurfkiste nähert, laufen sie alle herbei und zeigen ihre Freude.

Kräftemessen mit der Mutterhündin ist ein beliebtes Welpenspiel.

Die Spielleidenschaft ist jetzt voll entfaltet. Es ist immer Leben in der kleinen Gemeinschaft.

TIP

Laden Sie viele Kinder und Erwachsene zu sich nach Hause ein. Der Umgang mit Groß und Klein muß zu einer Selbstverständlichkeit werden.

Mit der fünften Woche beginnt auch die Prägephase. Es wurde schon in den vorangegangenen Kapiteln geschildert, wie wichtig nun die psychische Förderung wird. Die Welpen müssen langsam zahlreichen Eindrücken ausgesetzt werden. Was sie jetzt als etwas Positives kennenlernen, werden sie ihr Leben lang in guter Erinnerung behalten.

ZUFÜTTERN ▸ Ab der vierten Woche wird den Kleinen zugefüttert. Zunächst bekommen sie fingerhutgroße Portionen mageres, rohes Rinderhack. Mit jedem Tag dürfen sie etwas mehr davon fressen. Allmählich gibt man noch Welpenbrei dazu. Schließlich werden vier Mahlzeiten mit unterschiedlichem Futter am Tag gegeben. Sie sehen, daß auch dies eine zeitintensive Arbeit sein wird.

Entsprechend der Vergrößerung der Mahlzeiten geht die Milchproduktion der Hündin zurück. Der Hündin ist es auch zunehmend unangenehm,

Die Welpen lernen schnell: Wenn's kalt wird, kann man sich gegenseitig wärmen.

wie ihr Nachwuchs mit den spitzen Zähnchen und den scharfen Krallen ihre Milchleisten in Mitleidenschaft zieht.

Welpenkindergarten

Im Spiel lernt ein Welpe den Umgang mit Mensch und Tier. Deshalb ist es wichtig, daß man sich mit den Hundekindern beschäftigt, ihnen Ansprache bietet und sie Zuneigung spüren läßt. Jedes einfache Spielzeug bildet eine Herausforderung körperlicher und geistiger Art, gleich, ob es ein Ball, ein Stück Holz oder ein Karton ist. Vielfältige Umweltreize stärken die Wahrnehmungsfähigkeit. Welpen, die mit laufendem Staubsauger, Straßenlärm, klappernden Dosen, Stimmen und Musik aus dem Radio groß geworden sind, bleiben im Erwachsenenalter auch gegenüber anderen Geräuschkulissen gelassen. Erfahrungen mit Unbekanntem stärken das Selbstbewußtsein.

Letztlich liegt es in der Hand des Züchters, an seinem Willen und seinem Einfallsreichtum, welche Förderung er seinen Welpen angedeihen läßt.

Gesundheit und Formalitäten

Gesundes Futter ist die wichtigste Grundlage zum Gedeihen der Welpen. Würmer können jedoch die jungen Hunde in ihrem Wachstum empfindlich behindern. Deshalb ist eine wesentliche Maßnahme die mehrmalige Entwurmung der Welpen.

Mit acht Wochen steht die SHL+P-Impfung an. Der erste Kontakt mit dem Tierarzt darf nicht zu einem traumatischen Erlebnis werden. Deshalb lenkt man die Kleinen ab, wenn ihnen die erste Spritze ins Fell sticht.

Mit acht Wochen erfolgt die Wurfabnahme durch den Zuchtwart. Mit seinem Bericht stellt er dem Züchter ein Zeugnis über den Zustand des Wurfs und der Wurfstätte aus. Die jeweilige Zuchtbuchnummer wird dabei den Welpen ins Ohr tätowiert.

Nachdem der Zuchtwart seinen Bericht bei der Zuchtbuchstelle eingereicht hat, werden für die Hunde Ahnentafeln ausgestellt und zugeschickt. Viele Züchter übergeben die Ahnentafeln an ihre Welpenkäufer persönlich. Sie nutzen dabei die Gelegenheit, ihre »Sprößlinge« wiederzusehen und deren neue Umgebung zu begutachten.

▸ Erbkrankheiten und -fehler

Unter Erbkrankheiten versteht man Störungen im Ablauf der normalen Lebensvorgänge in Organen, die bei den Ahnen eines Hundes besonders zahlreich auftreten, so daß man eine Vererbung vermuten kann. Ein Problem bei der Erkennung und Bekämpfung einer Erbkrankheit liegt darin, daß diese meist erst mit den Jahren ausbricht. Wenn beispielsweise Hunde, die die defekte Erbinformation tragen, schon in der Zucht waren, bevor die Krankheit ihre Symptome zeigte und diagnostiziert werden konnte, sind alle Nachkommen ebenfalls Träger des defekten Gens. Ein weiteres Problem ist der Erbgang selbst. Möglicherweise verläuft er bei einigen Hunden rezessiv, d.h., daß das verantwortliche Gen so lange unterdrückt wird, bis es bei einer Paarung mit einer gleichen Genstruktur zusammentrifft. Dann wird das Gen dominant, was sich im Ausbruch der Krankheit äußert. Über viele Generationen kann auf solche Weise eine Krankheit im Verborgenen lauern.

Für eine sehr große Zahl von Bullterriern traf dies in den 80er Jahren im Zusammenhang mit Nierenerkrankungen zu. Die betroffenen Tiere waren Nachkommen des englischen Rüden Superlative Jackadandy of Ormandy, der aufgrund seines überragenden Aussehens besonders häufig zum Decken benutzt wurde. Durch Zuchtauslese, d.h., indem man die Zuchtlinie mied, in der die Vererbungsmöglichkeit vermutet wurde, konnte einer weiteren Ausbreitung Einhalt geboten werden.

Eine Erbkrankheit, die seit Anbeginn die Bullterrier begleitet, ist die Taubheit. Sie kam mit Sicherheit über die Einkreuzung des Old English White Terrier. Wenngleich einseitige oder beidseitige Taubheit sehr selten auftritt, verlangen die beiden Zuchtvereine GBF und DCBT für die Zuchttauglichkeit den Nachweis, daß die Tiere symptomfrei sind. Verantwortungsvolle Züchter geben ihre Welpen nur mit dem Befund einer ärztlichen Gehöruntersuchung, dem sog. Audiometrietest, ab.

Seit einiger Zeit tritt in der Miniatur Bullterrier-Zucht Primäre Linsenluxation auf, bei der die Augenlinse buchstäblich ihre Halterungen verliert und ins Augeninnere fällt. Der Hund erblindet. Da man auch dabei von einem möglichen genetischen Defekt ausgeht, hat zum Zeitpunkt der Drucklegung des

Buches die GBF mit Maßnahmen reagiert. Nach ihren Statuten dürfen nur noch Hunde in die Zucht, die vor der Verpaarung den ärztlichen Befund erbringen, daß sie nicht an der Primären Linsenluxation leiden.

Im Gegensatz zu Krankheiten sind Erbfehler lediglich vererbte Mängel, gemessen am Rassestandard. Hierzu zählt man den Vorbiß, ein altes Bulldogerbe, das die gesamte Geschichte der Bullterrierzucht begleitet. Hierbei steht der Unterkiefer deutlich vor dem Oberkiefer, so daß die oberen und unteren Schneidezähne keine Zange (Zähne stehen direkt aufeinander) oder Schere bilden (Zähne greifen leicht übereinander, berühren sich aber noch).

Seltener beobachtet man innenstehende Fangzähne des Unterkiefers, die dem Hund in den Gaumen drücken. Diesen Fehler findet man in Verpaarungen von Hunden mit zu schwachen Unterkiefern. Fehlende Backenzähne, meist sind es die beidseitigen Prämolaren 4 (P4) des Unterkiefers, beeinträchtigen den Bullterrier nicht. Man kann hierbei auch von einem Erbfehler ausgehen.

Voraussetzungen für die Zucht

- ☐ Abnahme der Zuchtstätte
- ☐ Anmeldung und Schutz eines Zwingernamens
- ☐ Erstzüchterschulung
- ☐ Erfolgreiche Teilnahme an Zuchtschauen (Mindestbewertung »Sehr gut«)
- ☐ Audiometrischer Befund (Taubheit)
- ☐ Bei Miniatur Bullterriern: Untersuchung auf Primäre Linsenluxation

So begeisterungsfähige, vitale Hunde sieht der Zuchtwart besonders gern im Zuchteinsatz.

Service

Service

▸ **ABSETZEN** Umstellung von Muttermilch auf feste Nahrung.

▸ **ABZEICHEN** Farbflecken oder größere Farbabweichungen zur dominierenden Fellfarbe.

▸ **AGILITY** Sportart, bei der die Hunde einen Parcours durchlaufen und ihre Geschicklichkeit beweisen müssen.

▸ **AHNENTAFEL** Vom zuständigen Zuchtbuchamt ausgestellte Geburtsurkunde im juristischen Sinne, mit Name, Wurftag, Zuchtbuchnummer, mindestens vier Generationen der Vorfahren und Züchter.

▸ **ALPHATIER** Im Rudel anerkanntes Leittier.

▸ **ANALBEUTEL** sind ein Sekret produzierende Duftdrüsen am Afterausgang.

▸ **APPORTIEREN** Herbeibringen eines ausgelegten oder weggeworfenen Gegenstandes.

▸ **AUDIOMETRISCHE UNTERSUCHUNG** Gehörtest zur Feststellung von ein- oder beidseitiger Taubheit.

▸ **AUSBILDUNGSKENNZEICHEN** Eine durch Ausbildung und Prüfung erworbene Auszeichnung, z. B. Schutzhundprüfung (SchH).

▸ **BALLEN** Die Sohlen der Pfoten.

▸ **BELEGEN** Geschlechtsakt bei Hunden.

▸ **BEUTETRIEB** Einfangen und Festhalten eines Objektes. Bestandteil des Ernährungstriebes.

▸ **BH** Begleithundprüfung, bei der ein Hund seine Verkehrssicherheit nachweisen muß.

▸ **BIS** (Abk. engl.: Best in show) Bester Hund einer Ausstellung.

▸ **BLUTLINIE** Auf bestimmte Vorfahren aufbauende Zucht.

▸ **BOB** (Abk. engl.: Best of breed) Bester Hund einer Rasse bei einer Ausstellung.

▸ **BOS** (Abk. engl.: Best of opposite sex) Im Wettbewerb zwischen bester Hündin und bestem Rüden einer Rasse um den BOB der unterlegene Hund.

▸ **BRINDLE** (engl.) Häufige Bezeichnung für gestromt, z. B. black brindle.

▸ **CAC** (Abk. frz.: Certificat d'Aptitude au Championat) Anwartschaft auf nationalen Siegertitel (z. B. Deutscher Champion).

▸ **CACIB** (Abk. frz.: Certificat d'Aptitude au Championat international de Beauté) Anwartschaft auf internationalen Schönheits-Siegertitel (Internationaler Champion).

▸ **CHROMOSOM** Ein fadenförmiges Gebilde, Träger des Erbgutes (Gene).

▸ **DECKAKT** Geschlechtsakt bei Hunden.

▸ **DOMESTIKATION** Zähmung und Züchtung von Tieren für die häusliche Haltung.

▸ **DEMUTSGESTE** Sozialverhalten des Hundes, bei dem er seine Bereitschaft zur Unterordnung zeigt.

DOMINANZ Bestimmende Erbfaktoren, Ggs.: Rezessivität.

DOMINATION Vormachtstellung des Hundes im Rudel oder gegenüber Menschen.

DOWNFACE (engl.) Gebogene Oberlinie vom Scheitel bis zum Nasenspiegel.

DUFTMARKEN Ausgeschiedene Sekrete oder Exkremente zur Reviermarkierung oder als Anwesenheitssignal.

ED Ellbogendysplasie.

EKTROPIUM Umgestülpter Lidrand nach außen.

ENTROPIUM Umgestülpter Lidrand nach innen.

FALB Fellfarbe, lohfarben bis hellfahl.

FANGZÄHNE Auch Eckzähne genannt. Sie sind die längsten Zähne (2 oben, 2 unten).

FERTILITÄT Zeugungsfähigkeit. Ggs. Sterilität.

FORMWERT Beurteilung des Hundes auf einer Zuchtschau durch einen Zuchtrichter nach dem Rassestandard.

FÜHRIGKEIT Angeborene oder anerzogene Bereitschaft des Hundes, sich von seinem Führer lenken zu lassen.

G Formwertnote »Gut«.

GANGWERK Bewegungsablauf des Hundes.

GEBÄUDE Körperbau des Hundes.

GEBRAUCHSHUNDE Hunde, die als Dienst-, Schutz-, Rettungshund oder für die Jagd ausgebildet wurden.

GEN In den Chromosomen eingebundene Erbanlage.

GENOTYP Die Gesamtheit der Erbanlagen eines Lebewesens.

GERUCHSSINN Ausgeprägtester chemischer Sinn des Hundes. Zum Vergleich: Ein Hund besitzt bis zu 225 Mio. Riechzellen, ein Mensch bis zu 1,5 Mio.

GESICHTSSINN Durch das Auge vermittelte Empfindungen und Wahrnehmungen von Helligkeit, Farbe, Form, Raum und Bewegung.

GGD Formwertnote »Genügend«.

GESTROMT Die Grundfarbe des Fells ist mit schwarzen oder dunklen Haaren durchzogen (getigert).

HD Hüftgelenksdysplasie.

HF Hundeführer.

HINTERHAND Hinterlauf.

HITZE ODER LÄUFIGKEIT Phase während des Sexualzyklus, in der eine Hündin zunächst ihre baldige Paarungsfähigkeit anzeigt (Vorbrunst, ca. 12 Tage) und danach paarungsbereit und befruchtungsfähig ist (Brunst, ca. 10 Tage).

IMPONIERVERHALTEN Drohgebärde gegen Artgenossen gleichen Geschlechts, auch Werbeverhalten von Rüden gegenüber Hündinnen.

INTERBREEDING (engl.) Vom Dachverband genehmigte Einkreuzung einer Hunderasse in eine andere, z. B. Bullterrier in die Rasse Miniatur Bullterrier.

INZESTZUCHT Paarung zwischen nächsten Verwandten, z. B. Geschwistern oder Elterntieren mit deren direkten Nachkommen. Ggs. Outcross.

INZUCHT Paarung näherer Verwandter, z. B. Rüde und Hündin mit gleichem Großvater. Ggs. Outcross.

INZUCHTKOEFFIZIENT Numerische Schreibweise zur Darstellung des Inzuchtgrades.

KANIDEN (auch Caniden) Oberbegriff für Hunde und hundeartige Tiere wie Fuchs, Wolf, Schakal.

- **KASTRATION** Unfruchtbarmachung durch Entfernen der Hoden oder Eierstöcke.
- **KOLOSTRALMILCH** Die erste Milch, die die Hündin an den ersten beiden Tagen nach dem Wurf an ihre Welpen abgibt. Sie ist besonders wichtig, da sie aufgrund der enthaltenen Abwehrstoffe eine Grundimmunisierung der Welpen erreicht.
- **KONDITION** Körperliche und verhaltensmäßige Leistungsfähigkeit.
- **KONSTITUTION** Struktur meist erblich bedingter körperlicher und verhaltensmäßiger Merkmale wie Körperbau oder Temperament.
- **KONDITIONIERUNG** Erziehung und Ausbildung auf der Grundlage des Reiz-Reaktions-Schemas.
- **KÖRUNG** Zuchttauglichkeitsprüfung.
- **KRUPPE** Rückenpartie zwischen Lendenwirbel und Schwanzansatz.
- **KÜNSTLICHE BESAMUNG** Einspritzen von Sperma in den Uterus.
- **KYNOLOGIE** Wissenschaft vom Hund.
- **LAKTATION** Abgabe der Milch aus den Zitzen der Hündin während des Säugens.
- **LÄUFE** Beine eines Hundes.
- **LÄUFIGKEIT** siehe Hitze.
- **LEFZEN** Lippen des Hundes, die den Fang bedecken.
- **LEINENFÜHRIGKEIT** Folgen des Hundes an der linken Seite und auf gleicher Höhe des Hundeführers in verschiedenen Gangarten.
- **LENDE** Bereich des Rückens zwischen letzter Rippe und Kruppe.
- **LINIENZUCHT** Paarung von Hunden, die einen bestimmten gemeinsamen Vorfahren haben.
- **MASKE** Schwarze Schattierung von Gesicht und Augenbrauen.
- **MAULKORB** Geschirr für bissige Hunde.
- **MILCHTRITT** Klopfen der Welpen auf die Milchleiste der Mutter während des Säugens. Dadurch wird bei der Mutter ein Reflex ausgelöst, der die Milch aus den Zitzen schießen läßt.
- **MOLAREN** Hintere Backenzähne (4 oben, 6 unten).
- **MONOKEL ODER EYE PATCH** (engl.) Farbiges Abzeichen um ein Auge.
- **NGGD** Formwertnote »Nicht genügend«.
- **OBERLINIE** Linie vom Hals- bis zum Rutenansatz.
- **ÖKV** Österreichischer Kynologenverband.
- **OUTCROSS** (engl.) Auskreuzung. Paarung nicht verwandter Hunde. Ggs. Inzest-, Inzucht.
- **PASSGANG** Unerwünschte Gangart, bei der der Hund beide Läufe einer Seite gleichzeitig anhebt und aufsetzt. Es sieht dann aus, als schaukele der Hund.
- **PATELLALUXATION** Herausspringen der Kniescheibe.
- **PHÄNOTYP** Äußeres Erscheinungsbild des Organismus.
- **PIGMENT** Farbstoffe im Körpergewebe.
- **PLAZIERUNG** Bei einer Zuchtschau die ersten vier Plätze in einer Klasse.
- **PRÄGUNG** Wahrnehmen und Erfahren der Umwelt bei Welpen während der Prägephase (ca. 1.–6. Lebensmonat).
- **PRÄMOLAREN** Reißzähne oder vordere Backenzähne (4 oben, 6 unten).
- **PRIMÄRE LINSENLUXATION** Die Fasern, die den Glaskörper im Auge halten, reißen. Folge: chronische Entzündung oder chronische Erhöhung des Augeninnendrucks (Grüner Star).
- **RANGORDNUNG** Hierarchische Stellung von Hundeindividuen in einer menschlichen Gemeinschaft oder im Rudel.

RASSE Gruppe von Lebewesen, die sich durch ihre gemeinsamen Erbfaktoren von anderen Angehörigen der Art unterscheiden.

REZESSIVITÄT Erbfaktoren, die nicht in Erscheinung treten, Ggs.: Dominanz.

RÜCKBISS Der Oberkiefer steht deutlich sichtbar vor dem Unterkiefer, so daß obere und untere Schneidezähne sich nicht berühren.

ROMAN FINISH (engl.) Leicht nach unten gebogene Nasenspitze.

ROT Fellfarbe, rötliches Braun.

RÜDE Männlicher Hund.

RUTE Schwanz des Hundes.

SCHERENGEBISS Die Vorderseite der unteren Schneidezähne berührt die Rückseite der oberen Schneidezähne. Korrekte Form.

SCHH Ausbildungskennzeichen: Schutzhund.

SCHNEIDEZÄHNE Zwischen den Fangzähnen liegende vordere Zähne (6 oben, 6 unten).

SCHULTERHÖHE Größe des Hundes, am Widerrist gemessen.

SCHUTZTRIEB Veranlagung, sich selbst, Meutemitglieder, Besitzer oder Familienmitglieder zu schützen und zu verteidigen.

SG Formwertnote »Sehr Gut«.

SKG Schweizerische Kynologische Gesellschaft.

STAFFORDSHIRE BULLTERRIER Hunderasse, die noch der Urform des Bullterriers ähnelt.

STANDARD Von der FCI offiziell festgelegte Beschreibung von Anatomie, Wesen und Gangwerk einer Hunderasse.

STERILITÄT Zeugungsunfähigkeit. Ggs. Fertilität.

STERILISATION Unfruchtbarmachung durch Unterbrechen der Samenleiter oder Eileiter.

STOP Abfall der Stirnlinie vor den Augen. Beim Bullterrier nicht erwünscht.

TRAB Gangart, bei der die diagonalen Läufe gleichzeitig bewegt werden.

TRICOLOR Grundfarbe Schwarz mit weißen und roten Abzeichen.

TRIEB Unbewußte körperliche und wesensmäßige Antriebe, die angeboren sind und lebensnotwendig sein können, z. B. Beute- oder Lebenstrieb.

UNTERORDNUNG Oberbegriff für die Gehorsamsübungen.

V Formwertnote »Vorzüglich«.

VDH Verband für das Deutsche Hundewesen.

VORBISS Der Unterkiefer steht deutlich sichtbar vor dem Oberkiefer, so daß untere und obere Schneidezähne sich nicht berühren.

VSP Formwertnote in der Jüngstenklasse »versprechend«.

VÜ Verhaltensüberprüfung der GBF.

VV Formwertnote in der Jüngstenklasse »vielversprechend«.

WESEN Die Gesamtheit der das Hundeindividuum auszeichnenden Ausdrucks-, Verhaltens-, Reaktions- und Empfindungsformen.

WINKELUNG Stellung der Gelenke; sie ist für den Bewegungsablauf wichtig.

WV Formwertnote in der Jüngstenklasse »wenig versprechend«.

ZANGENGEBISS Die vorderen Schneidezähne von Ober- und Unterkiefer stehen aufeinander.

ZUCHTBUCH Register eines Zuchtvereins, in das detaillierte Angaben über sämtliche Würfe dieses Vereins eingetragen werden.

Der Bullterrier

- **FCI-Standard Nr. 11 / 02.02.1998 / D**
- **Ursprungsland: Großbritannien**
- **Datum der Publikation des gültigen Originalstandards: 24.06.1987**

KLASSIFIKATION FCI

Gruppe 3 Terrier
Sektion 3 Bullartige Terrier ohne Arbeitsprüfung

ALLGEMEINES ERSCHEINUNGSBILD

Kräftig gebaut, muskulös, harmonisch und aktiv, mit durchdringendem, entschlossenem und intelligentem Ausdruck. Ein einzigartiges Merkmal ist sein »downface« (divergierende Kopflinien) und der eiförmige Kopf. Unabhängig von der Größe sollten Rüden maskulin und Hündinnen feminin aussehen.

VERHALTEN UND CHARAKTER (WESEN)

Der Bullterrier ist der Gladiator unter den Hunderassen, voller Feuer und tapfer. Ausgeglichenes Wesen und diszipliniert. Obgleich sehr eigensinnig, ist er im besonderen sehr gut gegenüber Menschen.

KOPF
Lang, stark und tief bis absolut zum Ende des Fangs, jedoch nicht grob. Von vorne betrachtet eiförmig und vollständig ausgefüllt, die Oberfläche frei von Aushöhlungen oder Einbuchtungen. Die Profillinie verläuft vom Oberkopf leicht abwärts gekrümmt bis zur Nasenspitze.

OBERKOPF
Schädel: Nahezu flach von Ohr zu Ohr.

GESICHTSSCHÄDEL

NASENSCHWAMM Sollte schwarz sein und an der Spitze nach unten gebogen. Nasenöffnungen gut entwickelt.

LEFZEN Ebenmäßig und straff anliegend.

KIEFER / ZÄHNE Unterkiefer tief und kräftig. Zähne tadellos, sauber, stark und von guter Größe; ausgesprochen gleichmäßig, mit einem perfekten, regelmäßigen und vollständigen Scherengebiß, wobei die obere Schneidezahnreihe ohne Zwischenraum über die untere greift und die Zähne senkrecht im Kiefer stehen.

AUGEN Erscheinen schmal, schräg eingesetzt und dreieckig, gut eingebettet, schwarz oder so dunkelbraun wie möglich, um nahezu wie schwarz zu wirken, mit einem durchdringenden Glitzern. Die Distanz von der Nasenspitze bis zu den Augen wahrnehmbar größer als die von den Augen bis zum Hinterhaupt. Blaue oder teilweise blaue Augen unerwünscht.

OHREN Klein, dünn und nahe zueinander angesetzt. Ein Bullterrier sollte in der Lage sein die Ohren steif aufgerichtet zu halten, wenn sie gerade nach oben zeigen.

HALS
Sehr muskulös, lang, gebogen, sich von den Schultern zum Kopf hin verjüngend und ohne lose Kehlhaut.

KÖRPER
Gut gerundet mit einer markanten Rippenwölbung und großer Tiefe vom Widerrist zum Brustbein, so daß dieses näher zum Boden ist als der Bauch.

RÜCKEN Kurz, kräftig; hinter dem Widerrist ist die Rückenlinie gerade, mit leichtem Schwung oder leichtem Bogen über der Lendenpartie.

LENDEN Breit, gut bemuskelt.

UNTERLINIE Vom Brustbein verläuft sie in ganz gering ansteigender Kurve zum Bauch.

RUTE Kurz, tief angesetzt und horizontal getragen. Dick am Rutenansatz, verjüngt sie sich zu einer feinen Spitze.

GLIEDMASSEN

VORDERHAND Die Vorderläufe haben den stärksten Typ runder Knochen von großer Qualität. Die Hunde sollen massiv und parallel auf diesen Läufen stehen. Bei erwachsenen Hunden sollen die Vorderläufe ungefähr so lang sein, wie die Brust tief ist.

SCHULTERN Kräftig und muskulös, ohne überladen zu wirken. Schulterblätter breit, flach und am Brustkorb anliegend, mit einer sehr deutlichen Schräge der Vorderkante von unten nach oben, wodurch mit dem Oberarm ein nahezu rechter Winkel gebildet wird.

ELLENBOGEN Sehr gerade und stark anliegend.

VORDERMITTELFUSS Senkrecht.

HINTERHAND Hinterläufe, von hinten betrachtet, parallel.

OBERSCHENKEL Muskulös.

KNIEGELENK Gut gewinkelt.

UNTERSCHENKEL Gut gewinkelt.

SPRUNGGELENK Gut gewinkelt.

HINTERMITTELFUSS Kurz und starkknochig bis zu den Pfoten.

PFOTEN Rund und kompakt, mit gut aufgeknöchelten Zehen.

GANGWERK Wirkt in der Bewegung fest zusammengefügt, deckt mühelos viel Boden mit freien, leichtfüßigen Schritten und einem typischen flotten Auftreten. Im Trab in Vorder- und Hinterhand parallel. Nur bei schnellerer Bewegung zur Mittellinie hin konvergierend. Großer Vortritt, Hinterhand bewegt sich weich aus der Hüfte, geschmeidig in Knie- und Sprunggelenk, mit großem Schub.

HAUT Dicht anliegend.

HAARKLEID

HAAR Kurz, glatt und ebenmäßig. Fühlt sich bei feinem Glanz hart an. Im Winter kann eine weiche Unterwolle vorhanden sein.

FARBE

WEISS Bedeutet ein reinweißes Haarkleid. Hautpigmentierung und Flecken am Kopf sind nicht zu bestrafen. Bei farbigen Hunden muß die jeweilige Farbe vorherrschend sein. Bei Gleichheit aller anderen Dinge wird der gestromte Rassevertreter bevorzugt.

SCHWARZ Gestromt, rot, rehbraun und tricolor annehmbar.

SPRENKELUNG Im weißen Haarkleid unerwünscht. Blau und Leberblau höchst unerwünscht.

GRÖSSE UND GEWICHT

Es gibt keine Größen- oder Gewichtsgrenzen. Auf jeden Fall muß der Eindruck von höchstmöglicher Substanz im Einklang mit Größe und Geschlecht vorhanden sein.

FEHLER

Jede Abweichung von den vorgenannten Punkten sollte als Fehler angesehen werden, dessen Bewertung in genauem Verhältnis zum Grad der Abweichung stehen sollte.

MINIATUR BULLTERRIER

Der Standard der Miniatur Bullterrier ist gleich dem des Bullterrier, mit Ausnahme des Nachfolgenden:

GRÖSSE

Die Widerristhöhe sollte 35,5 cm (14 inch) nicht überschreiten. Es sollte ein Eindruck von Substanz im Verhältnis zur Größe des Hundes vorhanden sein. Es gibt keine Gewichtsgrenze. Die Hunde sollten immer harmonisch sein.

N.B.

Rüden sollten zwei offensichtlich normal entwickelte Hoden aufweisen, die sich vollständig im Hodensack befinden.

Das Geburtsgewicht von nur 540 g soll täglich um 100 Gramm steigen.

Zum Weiterlesen

Beck, Peter: Das Beste für meinen Hund. Profitips für Hundefreunde. Kosmos, Stuttgart 2000.

Becvar, Dr. Wolfgang: Naturheilkunde für Hunde. Grundlagen, Methoden, Krankheitsbilder. Kosmos, Stuttgart 1994.

Brehm, Dr. Helga: Hundekrankheiten. Stuttgart 1995.

Durst-Benning, Petra und Carola Kusch: Der große Spiele-Spaß für Hunde. Stuttgart 1997.

Feddersen-Petersen, Dr. Dorit: Hundepsychologie. Wesen und Sozialverhalten. Stuttgart 1989.

Feddersen-Petersen, Dr. Dorit: Hunde und ihre Menschen. Stuttgart 1992.

Fleig, Dr. Dieter: Das große Bull Terrier Buch. Mürlenbach 1997.

Harries, Brigitte: Hundesprache verstehen. Kosmos, Stuttgart 1998.

Hertrich, Hans-Günter: Hundespaß Agility. Kosmos, Stuttgart 1998.

Hoefs, Nicole und Petra Führmann: Das Kosmos-Erziehungsprogramm für Hunde. Kosmos, Stuttgart 1999.

Kejcz, Yvonne: Unser Hund wird alt. Kosmos, Stuttgart 1994.

Lausberg, Frank: Erste Hilfe für den Hund. Kosmos, Stuttgart 1999.

Müller, Manfred: Vom Welpen zum idealen Schutzhund. Reutlingen 1996.

Pietralla, Martin: Clickertraining für Hunde. Kosmos, Stuttgart 2000.

Pryor, Karen: Positiv bestärken, sanft erziehen. Kosmos, Stuttgart 1999.

Rakow, Dr. Barbara: Der homöopathische Hundedoktor. Stuttgart 1999.

Ross, John und Barbara McKinney: Hunde verstehen und richtig erziehen. Stuttgart 1994.

Rustige, Dr. Barbara: Hundekrankheiten. Kosmos, Stuttgart 1999.

Tammer, Isabell: Hundeernährung. Kosmos, Stuttgart 2000.

Tellington-Jones, Linda: Tellington-Training für Hunde. Das Praxisbuch zu TTouch und TTeam. Kosmos, Stuttgart 1999.

Weidt, Heinz: Der Hund, mit dem wir leben. Verhalten und Wesen. Hamburg und Berlin 1989.

Adressen

Gesellschaft der Bullterrier-Freunde e.V. (GBF)
Geschäftsstelle
Dennerstraße 6
D - 90429 Nürnberg
Tel.: 09 11 - 2 87 53 70
Fax: 09 11 - 2 87 53 71
Internet: http://www.gb-f.de

Deutscher Club für Bullterrier e.V. (DCBT)
Geschäftsstelle
Weißdornweg 9
D - 67454 Haßloch
Tel.: 0 63 24 - 98 97 47
Fax: 0 63 24 - 98 97 46
Internet: http://www.dcbt.org

Verband für das Deutsche Hundewesen e.V. (VDH)
Westfalendamm 174
D - 44141 Dortmund
Tel.: 02 31 - 56 50 00
Fax: 02 31 - 59 24 40

Österreichischer Bullterrier Club (ÖBTC)
Geschäftsstelle
Josef-Trautmannsdorff-Straße 21
A - 3140 Pottenbrunn
Tel.: 0 27 42 - 4 34 88
Fax: 06 64 - 1 52 95 02

Österreichischer Kynologen-Verband (ÖKV)
Johann-Teufel-Gasse 8
A - 1238 Wien
Tel.: 01 - 8 88 70 92
Fax: 01 - 8 89 26 21

Schweizerische Kynologische Gesellschaft (SKG)
Postfach 82 17
CH - 3001 Bern
Tel.: 0 31 - 3 01 58 19
Fax: 0 31 - 3 02 02 15

Bullterrier Klub Schweiz (BTK)
Geschäftsstelle
Grabengasse 12
CH - 8180 Bülach
Tel.: 01 - 8 60 26 95

Register

KOSMOS

Erlebnis Tiere

Positive Verstärkung

Positive Verstärkung ist das Zauberwort für Erziehung und Training ohne Zwang, Gewalt und Strafe. Dieses Verhaltenstraining lässt sich nahezu auf jede Alltagssituation anwenden – und funktioniert auf verblüffende Weise auch bei Pferden hervorragend. Als Clickertraining ist die positive Verstärkung in der Hundeerziehung bekannt geworden.

Karen Pryor
Positiv bestärken – sanft erziehen

208 Seiten, geb.
ISBN 3-440-07695-4

Präzises Lob in jeder Situation: der Clicker macht es möglich! Der Hund wird so trainiert, dass er diesen Ton mit einer darauffolgenden Belohnung verknüpft. Der Vorteil: auch auf Distanz kann der Hund zum richtigen Zeitpunkt gelobt werden. Mit dem Clickertraining lernen Hunde motiviert und kreativ.

Martin Pietralla
ClickerTraining für Hunde

128 Seiten,
200 Farbfotos, kart.
ISBN 3-440-08012-9

Package: Buch und Clicker

BÜCHER/VIDEOS
CDs/KALENDER
- Natur
- Garten und Zimmerpflanzen
- Astronomie
- Heimtiere
- Pferde & Reiten
- Angel & Jagd
- Kinder- und Jugendbücher
- Eisenbahn/Nutzfahrzeuge
- Spiele
- Experimentier-Kästen

www.kosmos.de

Bildnachweis

Alle Fotos aus dem Archiv von Gregor von Dungen, außer den Abbildungen von Christof Salata/Kosmos (Kapitelkennfoto 1, S. 1, 2/3 Mitte oben und unten, 16/17, 26, 30/31, 34, 36, 37, 45, 58 alle, 71, 72/73 alle, 78 beide, 109, 110/111, 116, 123, 124) sowie Ralf Roppelt/Kosmos (Kapitelkennfotos 2–7 sowie 9). Die historischen Abbildungen sind aus dem Kosmos-Buch von Hans Räber, Enzyklopädie der Rassehunde (S.9 und 11). Die Zeichnungen sind von Eva Hohrath, S. 44; von Milada Krautmann, S. 53 und S. 116 sowie von Schwanke & Raasch S. 55.

Alle Angaben in diesem Buch sind sorgfältig geprüft und geben den neuesten Wissensstand bei der Veröffentlichung wieder. Da sich das Wissen aber laufend weiterentwickelt und vergrößert, muß jeder Anwender selbst prüfen, ob die Angaben nicht durch neuere Erkenntnisse überholt sind. Dazu gehört z.B., im Zweifelsfall den Tierarzt zu konsultieren, Beipackzettel zu Medikamenten zu lesen, Gebrauchsanweisungen und Gesetze zu befolgen.
Hinsichtlich der Zuchtzulassungskriterien, Ausstellungskriterien, Rassestandards, Prüfungsordnungen usw. sind stets die aktuellen Bestimmungen der Verbände, insbesondere von VDH und FCI, maßgeblich.

Impressum

Umschlaggestaltung von Atelier Reichert, Stuttgart, unter Verwendung von 2 Farbfotos von Christof Salata und 1 Farbfoto aus dem Archiv von Dungen (großes Umschlagmotiv).

Mit 66 Farbfotos, 2 SW-Fotos, 2 SW- und 2 Farbzeichnungen.

Die Deutsche Bibliothek – CIP-Einheitsaufnahme

Ein Titelsatz für diese Publikation ist bei
Der Deutschen Bibliothek erhältlich.

ISBN 3-440-07771-3
Lektorat: Cordula Beelitz-Frank
Projektleitung: Angela Beck
Grundlayout: Friedhelm Steinen-Broo, eSTUDIO CALAMAR
Satz und Layout: TypoDesign, Radebeul
Printed in Czech Republic / Imprimé en République tchèque
Druck und Binden: Těšínská Tiskárna, a. s., Český Těšín

Hundepaß

NAME

GESCHLECHT

TÄTOWIERUNG

GEWORFEN AM

BEKOMMEN AM

BESONDERE MERKMALE

WICHTIGE ADRESSEN

ZÜCHTER

TIERARZT

TIERÄRZTLICHER NOTDIENST

HUNDEVEREIN

HUNDEPENSION

ZOOFACHHANDLUNG

InfoLine

GREGOR VON DUNGEN

wuchs bereits mit Bullterriern auf und ist dieser Rasse bis heute treu geblieben.

In der Gesellschaft der Bullterrierfreunde e.V. im VDH hat er seit vielen Jahren verschiedene ehrenamtliche Funktionen wahrgenommen. Seit 1998 ist er 1. Vorsitzender und verantwortlich für das klubeigene »Bullterrier-Journal«.

Sie können sich mit Ihren Fragen und Problemen an Gregor von Dungen wenden. Schreiben Sie an die »Hunde-InfoLine« (bitte mit Rückporto):

Kosmos Verlag
»Hunde-InfoLine«
Postfach 10 60 11
D - 70049 Stuttgart